厳しい時代を
生き抜くための
逆張り的
投資術

How to survive the hard times

Takashi Hasegawa

長谷川不動産経済社代表

長谷川 高

廣済堂出版

はじめに

１９９０年代後半、私が不動産コンサルティング業等を行う会社を起業した頃は、山一證券や北海道拓殖銀行、日本債券信用銀行等をはじめ多くの金融機関や企業の倒産が続き、バブル崩壊後の大不況の真っただ中でした。その中で、本業の不動産だけで食べていくことは、現実的に非常にむずかしかったのです。

そこで「投資行為」なるものを始めざるを得ませんでした。

つまり、私は副業とか趣味のレベルではなく、まさに、日々食べていくために投資を始めたというのが正直なところです。

この投資行為を通じて、一つ気がついたことがありました。

それは、**「投資において勝つための原理原則」**と、**「ビジネスを継続していくためや、人生を生き延びるための原理原則」には、大きな共通点が多々ある**ことです。これは私自身にとっても新鮮な発見でした。

また、その発見が、その後のビジネスや人生において、大変有益となりました。

おかげで起業して約20年になりますが、なんとか会社として生き残っています。

そこで、**投資とビジネスと人生における共通の原理原則を伝える**ことが、この本の大きなテーマの一つです。


次に、私の投資の手法として、いわゆる**「逆張《ぎゃくば》り的手法」**があります。

これによって投資を行い、どうにか経済的に生き残ることも、この本のもう一つの大きなテーマです。


投資の世界では、この「逆張り」という言葉はよく使われていますが、一般的な方々はご存じないかもしれませんので簡単にご説明します。

「人の行く　裏に道あり　花の山」――これは投資の世界では有名な格言です。

花見で誰もが行く道を行き、大混雑した中で花見もできないよりは、誰も行かないような山の裏道を行くことによって、1人悠々と花見ができるのだ、という意味です。

つまり投資の世界では、「大勢の大衆とは逆の道に行くこと、皆とは異なった考えで行動していくこと（＝逆張り）によって、利益を得られる」とされます。

昨今のようにアベノミクスによって株価や不動産が上昇しているときに、その勢いに乗るつもりで、上がりきった頃に投資行為を行っても、良い結果を生むことはむずかしいといえます。

逆に、２００８年のリーマンショック（世界金融恐慌）直後や、20数年前のバブル崩壊後のどん底など、大不況時において、株も不動産もダメだと世間でいわれているときこそ、投資行為を始めることが非常に重要です。

ビジネスでも、安直に、今流行りの業界で誰もが知っている商品やサービスを扱えば、一時的にもうけられるかもしれませんが、長期的に見たときには、過度な競争等により、最終的には良い結果を生まないことが多いようです。

これは人生の選択ともリンクするのではないでしょうか。

たとえば、学生の誰もが就職したがるような人気の業界は、10年、20年も経つと結果的に不況になったという事実が、これまでもたくさんありました。一つの業種が隆盛を極める時間は意外に短いものです。

ちなみに私が大学を卒業した１９８０年代後半は、金融機関が経済学部を出る学生にとっての人気の業種でした。給料が良く、これからも伸びていく業種だと思われていたからです。

しかしながら、金融業界をとりまく環境は現在、それとは真逆の状況になってしまっています。

たしかに、10年、20年先を予想し、就職先を決めるのは現実的にはむずかしいことです。けれども、そもそも人気の業種または会社に就職することは、非常に優秀な学生が選ばれているわけですから、入社してからの競争も熾烈《しれつ》になるのは簡単に予想できます。

そこで、先ほどの格言がここでも生きてくるのです。


しかし、この格言を現実的にビジネスや人生で実践することは勇気がいりますし、当然ながら、誤った判断を下せば、自分では逆張りでうまくいったと思っても非常に悪い結果になりかねません。

では、どううまく逆張りすればいいのか。

それについて、これから本文で述べていきます。

もう一つ、**いかに良い選択をしてもそれを継続していくには、「縁」と「運」が大きく影響**します。

何に投資するか、どの会社を選ぶか。ビジネスを継続するうえで右に行くか左に行くかは非常にむずかしい選択ですが、その後も自分の力だけでそれを成功に導くことは、非現実的だと思っています。

なぜなら、人間1人の能力は、限られています。これは、若くても年長者でも同じです。

私自身これまでを振り返って感じるのは、非常に厳しいときには、誰かの手助けや良きアドバイスがあったり、また貴重な情報の提供があったため、どうにか生き延びたということ。

つまりこれは、人との「縁」のおかげです。

この「縁」を、一般的には「人脈」と解釈する方もいらっしゃるかもしれませんが、「人脈」とは異なるものだと私は思います。これは後に、詳しく説明していきます。

次に、「運」について。私はもちろん占い師でも宗教家でも何でもありませんが、この「運」が、投資でもビジネスでも人生において非常に大きいと感じます。

この本では、この**「運」をどのように制御していくのか**についても言及したいと思います。

なお、投資に関して書いておりますので、当然ながら一部金融や経済のことにも言及します。ただし、私は大学は経済学部を出ていますが、サラリーマン時代に、証券会社や投資銀行に勤めていたわけではありません。リクルートコスモス（現コスモスイニシア）という会社に在籍しておりましたが、この会社はご存じのとおりリクルート系の不動産会社でした。

よって、専門は何かといえば、やはり「不動産」です。

しかし、**32歳で独立して現在までどうにか生き延びてこられたのは、この本で紹介する「投資」の手法をさまざまな領域に応用した結果**だと思います。

私に金融・経済の扉を開けてくれ、その基本を教えてくださったのは、元日銀マンであり旧日本振興銀行の会長であった木《き》村《むら》剛《たけし》さんのみです。あとはすべて独学と実践を繰り返してきました。

ですので、この本に書かれていることは、すべて私が実践し、体験したものです。「評論家」的な立場で何かをお伝えすることはありません。これは私自身の信条でもあります。

この本は投資の本でありビジネス書なのですが、もう少し具体的に申しますと**「凌《しの》ぎ方の書」**です。

今の時代に生きづらさを感じている方、これからの時代をどうやって生き残っていこうかと不安に思っている方へ向けて書きました。世代、性別、生まれ育った背景を超えて、私なりに「真理」だと感じたことをお伝えします。

これからの、ますます厳しくなっていく時代を「どうにか生き残っていくための方法論」を書いたものとなっています。

長谷川 高

contents　厳しい時代を生き抜くための逆張り的投資術

第1章　残念ながら非常に厳しい時代がやってくる

第2章　投資も逆張り的発想でうまくいく――投資実践編――

第3章 経済における逆張り的思考

第4章 ビジネスも逆張りで生き残る

第5章 生き残るために直感を磨く

第6章 運と縁をビジネスに生かす

デザイン／長坂勇司　編集協力／楠本亘　大西華子　加藤明希子
編集／江波戸裕子（廣済堂出版）　DTP／三協美術

第 1 章

残念ながら非常に厳しい時代がやってくる

広島を訪れて驚愕したこと

私は東京生まれの東京育ちで、大学も東京、会社も東京での勤務でした。けれども、今の仕事を通じて全国各地に講演に行ったり、お客様のところを訪れたりしますので、ほぼ48都道府県をくまなく見てきました。

そこで感じるのは、やはり、少子高齢化および就労人口の減少であり、東京（及び大都市）と地方の二極化の厳しい現実です。

次ページの「人口構造の変化」を見てください。これは日本全体での話ですが、就労人口（生産年齢人口・15歳から65歳未満）、いわゆる働く人々の人口がすでに急激に減ってきているのです。同時に老齢人口（65歳〜）が急激に増えています。

この数字が表す現実を、日本全国で私は見てきました。

東京の都心部で生活し仕事をしていると、「日本経済もまだ活気がある」「まだまだ日

図1　人口構造の変化

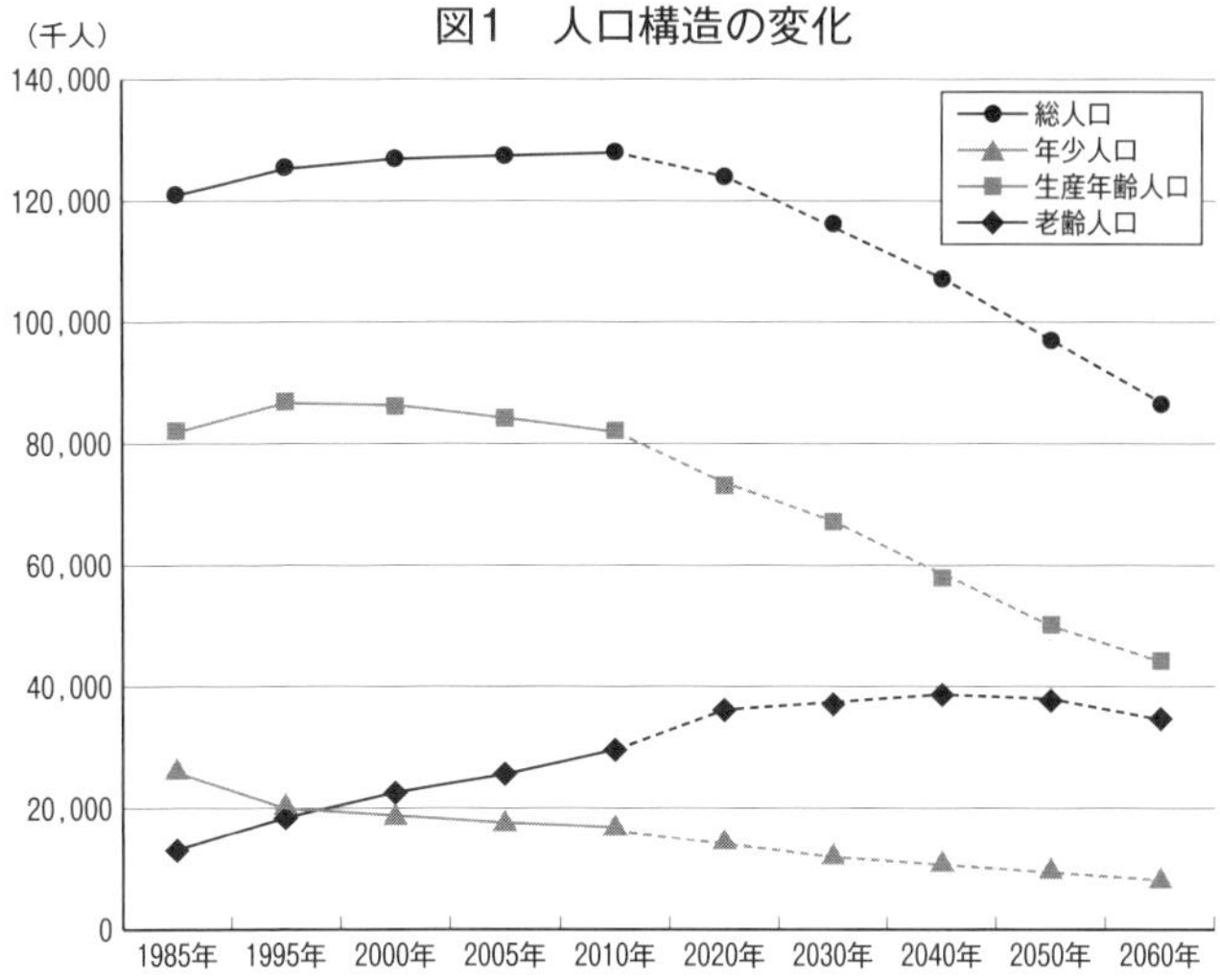

（国立社会保障・人口問題研究所「日本の将来推計人口」平成24年1月）

本は大丈夫だ」と思われるかもしれません。

しかし**地方都市を見て歩くと、いわゆる商店街のシャッター通り化、また街を歩く人々の年齢が非常に高齢化していること、同時に子どもたちが非常に少ないこと**に気がつきます。

これは、恐ろしいことに、一部の大都市を除いて全国に共通して見られる現象です。

広島県の例をまず挙げます。

広島には仕事だけでなく、親戚も住んでいるので、これまで何度となく訪れました。

この広島市内を車で流していると、

廃業したクリニックの建物をたびたび見かけます。私の従兄弟が広島市内で税理士事務所を開業しているので、その彼に「本来であればもうかるはずのクリニックがなぜこれほど多く廃業しているのか」と尋ねたところ、「広島県は、近年県外への人口流出が激しく、代々続くクリニックか、または大きな総合病院でないと、経営がむずかしくなってきている」と返ってきました。

これはまだ、東京近郊では見られない現象です。

広島は中国地方で一番人口が多い県であり、経済も同様に中国地方一です。たとえば、以前ＪＴでは、全国で新たなたばこを売り出すときに、日本における平均的な都市である広島市で販売し、その売れ行きを見て全国で販売するかどうか決めたそうです。つまり広島は、日本の平均的な人口と経済を持った都市だといえます。

そういった地域でもクリニック等の廃業が続くのが、現在の日本の厳しさの象徴ではないでしょうか。

また私は、広島市より田舎の人口数万人の地方都市や、３０００人程度の町にも行きますが、そういった町では、目立つ建物がパチンコ屋と病院と役所しかないことがほとんどなのです。

もちろんそこで生活を営み、暮らしている人々がいるのも事実ですが、高齢化と人口減少の速度は非常に激しく、税収減少も含め、自治体としてのサービスも今後は大きく変わらざるを得ないのが現実です。

ところで、私は東京23区外の東京都下（三多摩）といわれるエリアの立川《たちかわ》市で生まれました。

今でもときどき多摩地区および立川には電車や車でよく行きます。

近年、車でこの辺りを通るたびに感じるのは、私が地方都市で見てきた風景と同じように、さびれてきたという現実です。

「ここがほんとうに東京都内なのか」と驚くときが多々あります。

私は１９８０年代後半に大学を卒業するまで多摩地区にいましたが、当時のこの地区の幹線道路沿いは、とてもにぎやかでした。

あらゆる種類のファミリーレストランや、ファストフード店、また車関係の各メーカーのディーラーや中古車の展示場が数多くありました。

ところが近年同じ幹線道路を通ってみると、かつてそこに存在していたファミリーレストランは姿を消し、コンビニや老人福祉関係の施設に変わっています。車のディーラーもそのほとんどがなくなっていて、中古車店にいたっては、壊滅的な状況だといえます。

一方、当時はなかった超大型のショッピングセンターが新たにできているのですが、こういった店に平日立ち寄っても、店の中には驚くほど人がいません。

これは、**地方都市と同様のことがまさに東京都内でも起こってきている**という、驚くべき現実です。

とはいえ、立川駅構内や隣接する駅ビルの中は、平日も休日も、ものすごい数の人がいます。やや小ぶりの新宿駅といってもいいかもしれません。

しかしこの立川駅を一歩出ると、北口の一般的な商店街が、いわゆる地方都市のシャッター通りと同じ状況になっています。

ちなみに立川市の人口は約18万人です。東京都内に位置する（東京駅から西へたった40キロの）町でさえ、このような状況なのです。

次に、図2の「日本の人口ピラミッド」を見ると、明らかにわかることがいくつかあ

図2　日本の人口ピラミッド

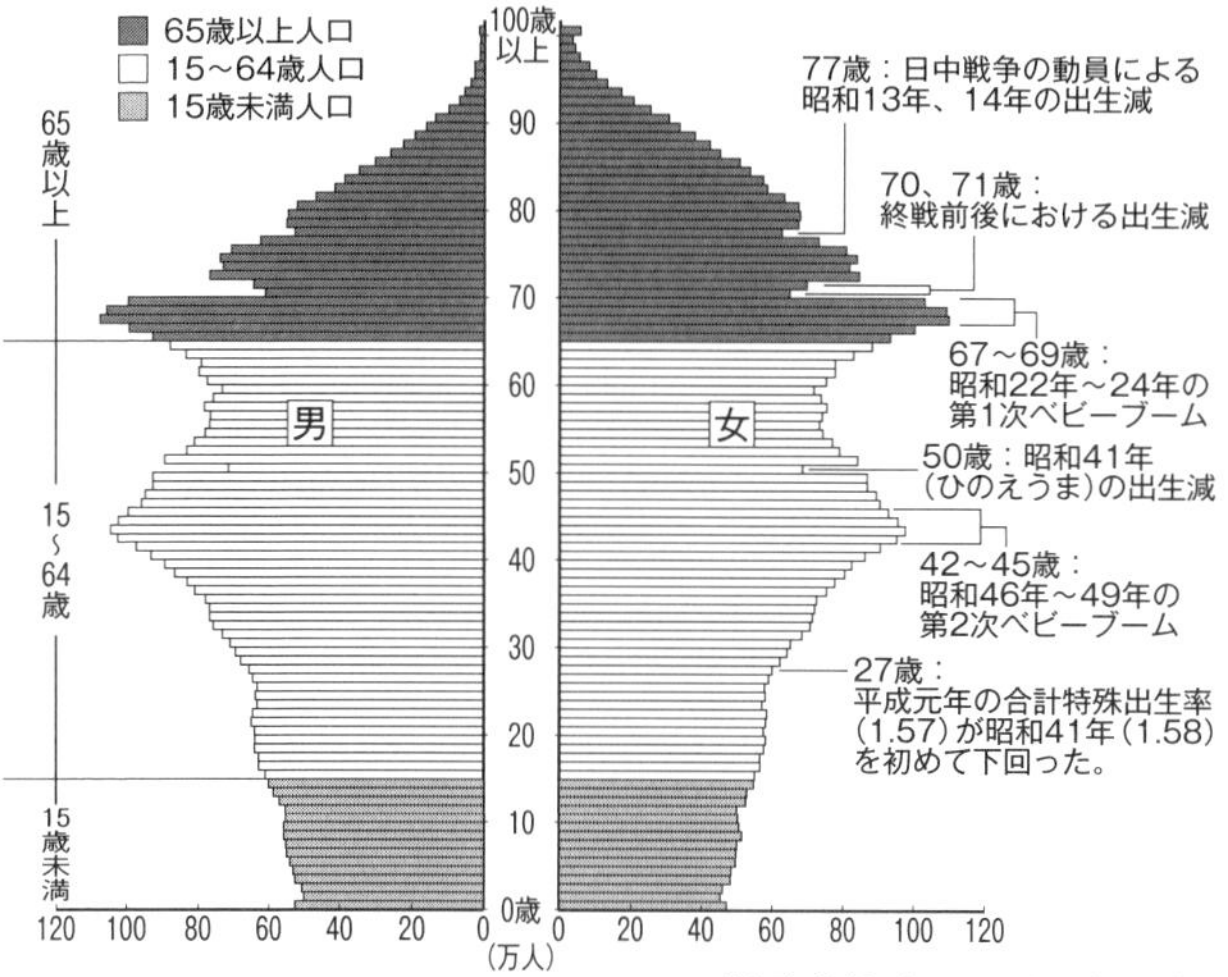

(総務省統計局 平成27年調査)

ります。

一つは男女問わず、人口が一番多い層は、67〜69歳の団塊《だんかい》の世代であること。この方々はすでに定年を迎え、年々高齢化しています。

この事実がすでに日本の経済に大きな影響を与えているのです。

次に多いのは、42〜45歳のいわゆる「団塊ジュニア」世代の層です。

問題なのは、この団塊ジュニア世代の下のより年齢の下の層が、どんどん減ってきていることです。

18〜22歳の層を見てください。すでに絶対的な人数が10年前、20年前より大きく減っていて、今後も減り続けていくことがわかります。

この人口問題をよく表していると感じたのは、青山学院大学の箱根駅伝4連覇です。青山学院は、80歳を超える私の母も「実は私も入りたかった」といっているほど昔も今も大人気の大学であり、東京都心の青山という一等地にあります。

一方、日本の大学の約半分がすでに定員割れしているのが現実です。青山学院ほどの有名大学ですら、この人口減少の時代を考えたときに早めに対処をしていく必要があったのでしょう。

青山学院の経営陣が考えたのが箱根駅伝チームの強化です。ご存じのように箱根駅伝は、正月明けの受験シーズン直前に、2日連続で朝から全国的にテレビ中継されます。この箱根駅伝に出ることが、大学の経営において非常に大きな宣伝になるのです。中堅大学の中には、この箱根駅伝に出られない年が続くと受験者数が激減する事実もあるようです。

よって青山学院だけでなく、関東の私立大学の中には、生き残りをかけて箱根駅伝出場を目指している大学は少なくないのです。

さて、有名な経済学者であったピーター・ドラッカー博士が著作の中で、こんなことを書いています。

「産業の外部変化のうち、人口数、年齢構成、雇用、所得等、人口に関わる変化ほど明らかなものはない。見誤りようがない。もたらすものの予測も容易である」

暗い話が続いて申し訳ないですが、この人口の問題を抜きにしてわれわれは今後何かを語ることはできないのです。この一点だけを見ても、東京都を含め日本全国でさまざまな現象がすでに現れているのです。

この**就労人口減少および少子高齢化によって、日本の経済が収縮していくことはまぎれもない事実**だと思います。

買い物などでお金を一番多く使うのは労働者、つまり就労人口の層です。**その就労人口が今後さらに減っていくというのは、物が売れない時代が厳しさを増す**ということです。

しかし、ただ厳しい厳しい、とばかりいってはいられません。

この本では、打開策を探っていきたいと思います。

皆と同じことをして成長した時代から、逆張りの時代へ

投資においても、ビジネスにおいても、これからの時代を生き抜くために必要なのは、「はじめに」でも触れたように、まずは**「逆張り的発想」**です。

今まで繁栄してきた業種や業態が、日本経済の収縮にともないだんだん縮小していくわけですから、少なくともこれまでと同じことをしていては、ダメなのです。

ではどうすれば良いのか？　一つの選択としては、もう成長しない国を出て、これからも成長していくだろう諸外国に移住し、そこで仕事をしていくことです。

以前は、学校を出たらその後も国内で働き続けることが当たり前でした。

この当たり前の行為の逆を行って、海外で暮らすという選択は、逆張り的行為といえるかもしれません。

現にそういう考えを持って、個人や法人がどんどん国外へ出て行っているのも事実です。ただしこの本では、海外で働くことについてとくには触れません。

さて、私自身は、最初、「逆張り」という考え方を投資の世界を通じて知りました。

２００３年前後、日本の金融機関は多くの不良債権を保有したままであり、その最終処理を竹中平蔵金融担当大臣（当時）率いる政府から求められました。そして、その不良債権を処理するための引当金があまりにも莫大であったために、多くの金融機関が破《は》綻《たん》するのでは、というニュースが日々新聞等に踊っていました。

当然ながら、ほとんどの銀行の株価は大きく値下がりし、中でも、りそな銀行やみずほ銀行は、その不良債権の多さからも、ほんとうに破綻するかもしれないといった風聞が世間に広まっていました。

当時私は、専門的には「デューディリジェンス」という、ある銀行の関連会社の下請けで不良債権（債権の担保である不動産）の調査や査定、または処理の方法について助言することを仕事の一つとしていました。

しかし、実際には、自分のもとへの不良債権調査の依頼数はすでにピークを越え、逆に減っていたのです。

関連会社の担当者からも、「長谷川さん、不良債権処理の山はすでに過ぎましたので、これからは、今までのようにたくさんの依頼を出せなくなります。申し訳ない」といわれていました。

ところが、世間に広まる風潮や新聞記事は、まったく逆のままでした。当然ながら、各銀行の株価はどんどん下がっていったのです。

つまり多くの投資家は、金融機関の株を持っていてもしかたがない、もう上がっていかない、仮に倒産してしまったら株券は紙くずになるかもしれない、と思っていたわけです。

一方、その頃から、私は、徐々に数行の銀行株を買っていきました。最終的には、自分の持っている資産の多くを銀行株を中心とした金融機関に投資しました。

その後、一番の危機的状況になるといわれていたりそな銀行も破綻せずに復活し、各メガバンクは株価をもどしていったのです。そこで、私は一定の利益を得ることができました。

そして、「ああ、これが逆張りなのだな」と実感したのです。

ビジネスにおいても、この逆張り的発想は有効です。

今流行りのビジネスを自分も遅れてはいけないと始めるよりも、誰も見向きもしないような領域、まだ手掛けている人が少ない領域（できれば世の中で自分だけが手掛けているようなビジネスがのぞましいのですが）を選ぶことは、ビジネスを成功かつ持続させるためには非常に重要だと感じます。

私の現在の会社は「株式会社長谷川不動産経済社」と申しますが、１９９６年の会社設立時には「有限会社デジタル不動産コンサルタント」という、今では少し語るのも恥ずかしいような名称でした。

この変な社名は、１９９５年にＷｉｎｄｏｗｓ95が発売され、自分のパソコンを生まれてはじめて購入したことから思いついたものでした。当時の私の知識はこんな感じです。

「何やら海の向こうのアメリカでは、インターネットなるものが流行っているらしい。そして、ホームページなるものを作ると、不特定多数のお客さんがそのホームページにどこからともなくアクセスしてきてくれるらしい」、なおかつ「これにはそれほどお金がかからないらしい」といったものでした。

私は独立にともなってすぐパソコンを買い、ソフトを使い、約1か月かけてホームページを作りました。

当時、不動産会社でホームページを持っている会社はまだほとんどなかったように記憶しています。その結果、全国の30代の理系男性から、不動産の相談が舞い込むようになったのです。

当時はまだインターネットを使って何か情報を集めようとしていた方は理系の男性ばかりだったからです。

それだけではありません。その頃から毎年発行されるようになった日本のインターネット企業図鑑（会社年鑑）という分厚い本に、弊社も掲載されるようになったのです。

この一連の成果として、多くのマスコミからさまざまな取材依頼や、テレビ出演の話が来るようになりました。

まったく無名であった弊社が一定の知名度を得られたのは、まだほとんどの企業も個人もあまり見向きもしなかった時代に、極めて稚拙ながらもホームページを作り、そのよくわからない領域にあえて入っていった結果だと思います。

当時、逆張りという言葉は知りませんでしたが、小さな不動産会社が生き延びていくのは、少なくとも大手企業と同じことをやっていては不可能です。おのずと、他社や大企業がやっていないことをやるべきだと強く感じていました。

つまり、**ビジネスを持続かつ成功させていくためには、つねに「他社や大手がやっていないことは何なのか？」、かつ「他社がやっていないオンリーワンのことは？」ということに知恵を絞るべき**なのです。

競争がないところであればおのずと仕事は独占できるわけですし、実際やっていることがほんとうにオンリーワンで、それが社会に役に立つならば、マスメディアが放っておくわけがありません。

必ず、彼らから取材の申し出が来て、記事にしてくれるはずです。結果的には広告費を使うことなく、宣伝していただけるわけです。

中小零細企業や個人でビジネスをやっている方は、そもそも資金力がないわけですから、**いかに他人と競争をしないで済むか、かつ、いかにできるだけお金をかけずに自らのビジネスを宣伝してもらうか、ここは非常に重要**だと思います。

かつての高度経済成長期のように、景気が良く、経済がどんどん拡大していった時代には、街の中に同じようなパン屋さんが2店舗から5店舗と増えていっても、どのパン屋さんもそれなりに食べていけたのです。

しかし、現在では、この逆の現象が起きています。街の中で必要な、つまり需要を満たすパン屋は1店舗あれば十分なのかもしれません。さらには、その1店舗がすでに大型スーパーの中に存在しているかもしれません。

そうなってしまうと、独立系のパン屋はどうやって生き延びていったらいいのでしょうか。その答えは、「逆張り」しかないと私は思うのです。

大手チェーン系のパン屋と同じパンを出していては生き残れないわけですから、彼らとは異なる戦略を立てなければなりません。特別なパンメニューを開発したり、特殊なサービスを提供するなど、相当な独自性を出さないといけないわけです。

第2章

投資も逆張り的発想でうまくいく
——投資実践編——

買ってはいけない投資商品が存在する

高度経済成長期のように、国全体が徐々に豊かになっていた時代は、給与所得も毎年どんどん上がっていき、金利も現在に比べ驚くほど高く、「勤労」と「貯蓄」の二つをしっかり実行していけば、ほとんどの人がそれなりに暮らしていけました。

元本保証の10年の定期預金の金利も、かつては7％という時代がありました。今では考えられない高さです。

当時は郵便局に行列ができました。なぜならば、7％の金利であれば10年複利で元本がなんと2倍になったからです。500万円を定額貯金すれば、10年で1000万円になったわけです。

一方、現在においては、高度経済成長どころかすでに就労人口が減少していて、将来的に国内の経済が縮小していくことが避けられません。

なおかつ、日銀のマイナス金利政策もあり、銀行預金の定期金利はついには約0・01

%程度となってしまいました。仮にゆうちょ銀行に１００万円を定期貯金したとして、1年預けてもつく金利は１００円です。さらにはこの利息から税金が引かれるので、税引後は80円となります。

コンビニ等のＡＴＭでお金を数千円おろしたら１０８円の手数料がかかるのに、**１００万円を１年間預けても、その利息でガムさえも買えない――これが利息といえるでしょうか？**

本来は一般の方が経済や金融の勉強をしたり、投資的な活動をしたりしないで済むなら、それに越したことはないように思います。

ところが現在では、一生懸命貯めたお金をさらに増やそうとすれば、リスクを取って何らかに投資する必要がどうしても出てくるわけです。

その場合には、大学の経済学部などを出ていなくても、誰もがある程度の経済や金融の知識を習得する必要があると思います。

なぜならば、この世の中にはほんとうに驚くほど、投資するに値しない投資商品があふれているからです。

まさに「買ってはいけない」投資商品が非常に多く存在するのです。

その良し悪しを選別するだけの最低限の知識や知恵を、さまざまな本を読んだり、新聞を読んだり、ときにはセミナーに出ることによって身につける必要があると思います。

一方で、投資を始める前提として、まずはある程度の資金を貯める必要があるのも事実です。そのためには、やはりこつこつ働き、貯金をしていくしかありません。

この貯金について少しお話ししていきます。

何が起こるかわからない時代は貯金が命綱

まず、**貯金をする「習慣」を、誰もが例外なく身につけるべき**だと思います。

この「習慣」は、これからの時代、より重要度が増していきます。何も将来大きい投資や独立をするためとか、もしくは留学をするといった大きい目的がなくてもです。

なぜならこれからの日本は**「何が起こるかわからない時代」「ボラティリティの高い（振れ幅の大きい）時代」「国が政府が、国民個人個人を守りきれない時代」に突入していく**ためです。

実は、私自身も20代半ばまではほとんど貯金をしていなかったのですが、ある夜、友人に、飲み会の帰りによく当たるという占い師のもとにいやいや連れていかれ、１００0円を払って占いを受けたことがありました。その初老の割烹着《かっぽうぎ》を着た占い師(女性)が、私の持病や家庭環境など個人的なことを何から何までずばり当てたのです。正直なんともいえない恐ろしい気持ちになりました。

そしてその占い師は、私への忠告として二つのことをいいました。

一つ目は**「一生懸命仕事をしなさい」**、二つ目は**「できるだけ貯金をしなさい」**。

本来は親がいうようなありきたりの話です。当時の私でしたら、こんな忠告を親にされてもまったく聞く耳を持たなかったでしょう。しかしそのときの私は、少し酔っていたせいもあるかもしれませんが、その忠告が、少し大げさにいえば「神の声」のように聞こえました。そして翌日、朝一番に出社するとすぐ総務に電話して、毎月の社内預金の金額を上限一杯まで上げたのです。

その結果、会社をやめる32歳のときには、１３００万円の貯金がありました。その後、起業したものの約3年間はほとんど収入がありませんでしたので、もしこの貯金がなければ、早々と経済的に窮してしまい、起業もギブアップしていたと思います。

私にとっては、占い師の忠告は非常にありがたいものとなったのです。

貯金もほとんどないのに起業や投資をしようとする人がときどきいますが、おそらく借り入れして何かできないかという発想だと思います。

しかし、これこそまったくナンセンスであり、**自己資金が何もないのであれば、起業も投資も、はたまた留学も、または国家資格を取るために専門学校に入ったり、大学院にもどってＭＢＡを取ることも、現実的には不可能なわけです。**自己資金がほぼない状態では、銀行も他者もなかなか貸してはくれないものです。

ですので、まことに地味で申し訳ないのですが、私としては、まずは「できる限りの貯金を毎月すべきです」と申し上げたいのです。

日本人は経済ニュースなどを見て、中国人のことを、皆が皆投資好きでギャンブル好きな国民だと勘違いしているかもしれませんが、実は現在では、中国人の貯蓄率は日本人をはるかに上回ります。中国は日本以上に「自己責任」の国なのです。

今後はわれわれも、経済がどうなっていくのか、自分の会社がどうなっていくのか——さまざまなリスクが存在することを前提に考えなくてはなりません。

これからの時代、貯金をしないことは、救命具を持たないで荒海に小さなヨットで出ていくようなものではないでしょうか。

さて、この本のテーマはあくまでも投資ですので、話を少しもどしますと、ある程度の頭金を準備してから投資をスタートしないと、うまくいったとしても投資効果はごくわずかなものになってしまいます。

つまり、10万円が倍になり20万円になるのと、２０００万円が倍になり４０００万円になるのでは、見てのとおりまったく意味合いが違うのです。

世界一の投資家であるウォーレン・バフェット氏も自伝の中でいっていますが、投資とは、雪原で雪の玉を転がして、徐々にその雪の玉を大きくしていく行為と似ています。この最初の雪の玉が、パチンコ玉程度の大きさでは、転がしてもなかなか大きくならないわけです。**せめて小さいスイカの玉くらいのものから転がすことを目指すべき**です。

後に書きますが、私が考える投資とは、毎日忙しく行うものではなく、１年に１回か、もしくは数年に１回という頻度で行うものです。

その間、コツコツと貯金することによって、雪の玉自体も徐々に大きくなっていくわけです。

結果として、投資のチャンスに恵まれなければ、その資金で留学してもいいし、何か資格試験の勉強をするのに使ってもよいと思います。

もちろん私のようにやむを得ず独立をしなければならないとか、万が一会社をリストラされ転職先が見つかるまで、どうにか凌《しの》いでいくことが必要になったときには、まさにこの貯金がものをいいます。

毎月の貯金額を増やしていくコツは、二つあります。

一つは、**「固定費を下げる」**ことです。毎月必ず一定額出ていくもの、それが固定費です。たとえば家賃、携帯電話やインターネットなどの通信費用、その他何らか契約していて、月々支払っているものです。この固定費をできるだけ下げることが非常に重要です。

もう一つは、**「毎月一定の額を給与が入ってきた瞬間に問答無用に天引きし、残ったお金の中で、とにかく暮らしていく」**ことです。

将来におけるさまざまなリスクに対応し、生き残っていくには、まずは、この地味な習慣を身につけることこそ、実は最も有効だと思います。

私の逆張り的投資戦略

ここでは体験的かつ具体的な投資の話をしていきたいと思います。

私はサラリーマン時代に不動産バブルとその崩壊を経験し、その後の長期不況と世界金融恐慌といわれたリーマンショックも経験しました。この２度の不動産や株式における大暴落を目《ま》の当たりにし、同時に多くの企業や個人が破綻《はたん》していくのを見てきました。

私がかつて所属していた会社も、不動産バブル崩壊で沈没しかけ（結果的には親会社に救ってもらいましたが）、リーマンショック時には破綻し、民事再生法の適用を申請しました。

そんな中で身につけてきた投資戦略があります。

それが、まさにこの本のテーマである「逆張り的投資」です。

それは、周りが（法人も個人も）**不動産投資や株式投資で大損しているような状況で、**

あえて優良な物件や銘柄を選択し、投資していくものです。

多少地味ですが、**この投資の方法が最も堅実**だと思っています。

ここで一つ問題になるのが、そういった投資のチャンスがいつ訪れるのかです。ビッグチャンスといえるものは、3年に一度かもしれませんし、5年に一度かもしれません。もしかすると10年に一度になるかもしれません。

すでにおわかりのように、日々株式をトレーディングするようなデイトレーダー的な投資戦略ではありませんし、不動産を時期を考えずにコンスタントに買い続けていく戦略でもありません。

よって、私の考える「リスクの少ない投資」とは、何もしないで待っている時期のほうが長いかもしれません。実際にこれまでも、現金のポジションを多くし、投資行為を積極的に行っていない時期のほうが長かったように感じます。

本来、狭い世界で、割安な状況に放置されている物件や銘柄を見つけてくるのはむずかしいことかもしれません。ですから可能であれば、その投資の範囲を、世界中のあらゆるものに広げてもよいと思います。

もちろん現実的には、私個人も私の会社も、総合商社ではありませんので、世界中を見渡して、その中で割安なものをどこかの国から見つけてくることは困難です。

しかしながら、投資を休んでいるときには、精一杯人に会い、旅をし、本を読み、見聞を広げ、興味が湧く対象が見つかれば、それぞれの分野の専門家の意見を聞き（もちろんしっかりフィーを払って）、投資対象を広げるように努力しています。

とはいっても、やみくもに投資対象を広げるわけにもいきませんので、ある程度、国や投資対象となるものをまずは絞り、あらゆる方法で知識を深めていかなければなりません。また、それに関する情報が入ってくるルートも築いていかなければなりません。

不動産でも株式でも、仮に外国で投資するとなった場合は、日本語ではなく英語で書かれた情報を読みこなす必要があるでしょう。そうすると、当然ながら英文のニュースや記事を理解する能力が必要になってきます。

ネットを見て気になった記事があったら、辞書を片手に格闘することも必要です。私は、英語を使って仕事をしていたこともありましたが、専門用語を含めた語彙能力はなかなか追いつかず、つねに辞書を引きメモを取るなりして、英語で情報を入手しています。今は自動翻訳サイトもあるので、それを利用するのもよいでしょう。

経済ニュースにおける情報量に関しては、「ウォール・ストリート・ジャーナル」や「ロイター」「フィナンシャル・タイムズ」等の英語版が圧倒的なので、おすすめです。

ここまでの話を聞いて、これはたいへんだと思う方も多いでしょうか。

けれども、**投資のチャンスはそれほどひんぱんにはやってきません。**そのチャンスの機会を増やすためには、投資可能な範囲を広げていく努力が必要なのです。

なかなかむずかしいですね。確かに私もそう思います。

しかし、誰もが投資行為をして簡単にもうかるならば、証券会社に出入りしている人や不動産に興味を持った人のほとんどが「資産家」になっているでしょう。

でも実際はそうはなっていないわけです。

投資のプロフェッショナル集団といわれる外資系の投資銀行やヘッジファンド等々も、たとえばリーマンショックのときなどは、大損を出して一部の組織は解散したり、もしくはファンドや会社そのものが破綻し、消滅していきました。

プロ中のプロの集団でも、大失敗するときはするわけですから、一般の素人であるわれわれが、つねに簡単に利益を出し続けるのは、非常にむずかしいことなのです。

ですから、一番安全なのは、「バブル崩壊のような危機が起きても潰れず、状況が変われれば株価も元にもどっていくと確信を持てる企業に投資すること」です。

本質的に体力がなく業績自体も不振な企業の場合、経済全体が落ち込んだときには破綻してしまうリスクは極めて大きいです。

よくいわれることですが、株価全体が安いからといって、破綻寸前の企業に投資するのでなく、やはり優良な企業に投資すべきです。

それとは逆に（これはどんな投資商品でもそうなのですが）割安の逆、つまり割高な高値圏で投資をしてしまった場合、やはり良い結果を生むことはむずかしくなるわけです。


投資で成功するのに大切なことは、当たり前ですが、**「安いときに買って、高いときに売る」**、または**「安いときに買って、有望な銘柄や不動産であったならそのまま長期間保有し続ける」**のどちらかです。

とにかく、**安いときに買わないと、よいスタートは切れない**のです。

これは実にシンプルな話ですが、投資で成功するための「真理」です。

「表面的情報」で投資すると失敗する

誰もが投資をするうえで何らかの「情報」を得て判断をするわけですが、この情報は大きく、**「表面的情報」**と**「本質的情報」**に分けることができます。

表面的情報とは、ネットや新聞、雑誌、テレビ等で流れてくるような「うわべの情報」です。

表面的情報は、それぞれの分野の専門家にとっては、残念ながら真実でないケースがあります。まさに表層の情報であったり、何らかのバイアスがかかっていたり、また少し情報自体が古かったりするため、少なくとも投資するうえでの最終判断の材料としては使えないものが多いのです。

私は不動産業界の人間ですが、不動産が高い安いといった市況に関するものや、業界の現状を解説した記事は、部分的には事実を語っているけれども、やはり一側面しかとらえていないものが多いと感じます。

たとえば不動産に関して、公示地価や基準地価が公表され、「全国的に地価が上昇している」「都心のマンションの価格が上昇しており高値での売買が続いている」といった記事が出たとしましょう。これを読んだ人は、「ああ、不動産はまだまだどんどん上がっていくのか」と考えてしまうでしょう。

「それならば、不動産や土地は今が買い時かもしれない」とか「今後、価格がさらに上がる前に買っておいたほうがいいのかもしれない」と判断してしまうと思います。

しかし、実際の現場では、すでに高値での不動産の売買は困難になっていて、大幅な値引き販売をしていたり、または値引きをしないまでも在庫を抱え困っている状態だったりするのです。

なぜこんなことが起きるのでしょうか。

たとえばマンションを売っている人間に「売れていますか」と取材しても、「売れていません」という回答は返ってはこないものです。ほとんど売れていなくても、「ほどほどの売れ行きです」と答えるでしょう。

ときどき新聞にマンションの販売時における「初月契約率」という言葉が出てきますが、それも、専門の調査会社が各デベロッパーにアンケート用紙を送付して任意で回答してもらい、返信のあったものの数字を取りまとめたものです。

しかし販売の現場では、そういったアンケートが届いたら、仮に初月にまったく売れていなくとも「契約率0%」などと書くわけには到底いきません。

私がかつて勤めていた会社でも、営業担当の一番下の人間が、「契約率何%って回答したらいいですかね?」と上司に聞いている光景をよく見かけました。実際には20%程度だったのに、そのときの上司の答えは、「70%くらいで書いておいたら? 売れていないと思われるのは困るからな」でした。

残念ながら、こういったアンケートベースの回答には、下駄を履かせて恥をかかない程度の数字を入れているのが現状なのです。


完成しているマンションの正確な売れ行きは、たとえば総戸数200戸のマンションであれば200戸分の登記簿謄本《とうきぼとうほん》を、(建物完成後に限られますが)経費をかけて取得すればわかります。

しかし、こんなことはどこの調査会社もしません。

私の場合は、マンションの所有権保存登記を行う司法書士法人の知り合いに直接聞きます。すると、たとえば華僑系の人が何割程度買っているのか、ほんとうに完売しているのかなどがわかります。

オフィスビルの空室率が上がった、下がったというニュースも、実際に現場を調査し、どれだけ空室があるかを、ローラー作戦をしながら記者がカウントしているのではありません。

結局、いくつかの大手ビル管理会社が発表している、大型ビルのみの空室率を引用し、あたかもすべてのビルの空室率であるかのように記事にしているのです。

当たり前のことですが、ビル管理会社も、自社が管理しているビルの空室率が突出して高かった場合には、「あの管理会社の営業力（リーシング力）が弱いから、空室率が高いのではないか」と思われてしまうわけです。

こういった悪い評判が出ることを避けるために、各社横並びの（あたかも談合しているような）低い空室率が毎回発表されるのです。

また、先の基準地価や公示地価といった公の地価の価格指標も、実際には半年や1年前の売買事例を参考にして評価しています。つまりこういった公的な指標でさえ、急激な市況の変化があった場合にはついていけていないのです。ようするに、これらは「過去の数値」だということです。

このように、**皆さんが普段目にする不動産関連の記事やニュースは、われわれからすれば投資判断の基準になるものではありません。**

この不動産業界における実例は、ＩＴ業界でもエネルギー業界でもバイオの業界でも、同じことがいえるのではないでしょうか。

記事やニュースだけでなく、各分野の専門家と称するアナリストや評論家、学者のコメントも、やはり表面的情報といえます。

彼らの多くは、実際にその専門とする業界で1～2年すら働いたことがない人ばかりです。つまり業界の奥の奥の仕組みや実態を知らないのです。ですから、そういった人たちの専門家としてのコメントは、業界で働く者からすれば、残念ながら、誤っているか一側面しかとらえていないケースが多いのです。

もうおわかりいただけたかと思いますが、こういった表面的情報で投資の判断をしたとしても、おそらくその投資は良い結果とはならないでしょう。

仮にも利益を得るために投資をするわけですから、表面的な情報だけで投資をするのではなく、本質をとらえた情報によって、売買の判断を下すべきです。

ほんとうに信頼できる「本質的情報」を得るコツ

ではほんとうに信頼できる本質的情報を得るためには、どうしたらよいのでしょうか。

たとえば、あるバイオ企業の株を買うとします。この会社の社長もしくは経営幹部が知り合いにいて、「ほんとうのところ、あなたの会社の新薬開発はうまくいっているのか？　あと何年かかるのか？　将来採算は合いそうなのか？　競合他社の状況はどうなのか？」などと聞ければ、第一級の本質的情報になるわけです（その人があなたに真実をいう関係にあることが前提条件ですが）。

けれども、相手がまさに投資対象企業の役員以上であった場合、彼らから公表されていない極秘情報を得て売買するのは、完全にインサイダー取引になりますので、これは現実的ではありません。

ただし、ここの会社で働く一般社員や、または取引先企業の人間で業界で長く働いているような専門家にアドバイスを求めることは、可能だと思います。

そこから得られるリアルタイムの情報があるならば、それはまさに本質的情報といえます。

私はこの本質的情報を得るために、労力とお金を惜しんではいけないと思います。

どこからともなく流れてくる無料の情報は、無料ゆえに無数にありますが、その出どころや真偽のほどがはっきりしないものがほとんどです。

私は情報のレベルを測るときに、どういったバックグラウンドを持った人間が、どういうルートで、またどんな理由でその情報を語っているのかをきっちり確認します。

信頼できるほんとうのプロが持ってきた情報か、実際に現場を見てきた者の情報か、それ以前にそもそも人間として信頼できる人か、そしてその情報を私にもたらした理由は何か、どこでその相手は利益を得るのか、そして、それらすべてが納得できる内容になっているか——こういったことを重視して確認するのです。

また、真実を知っている人が話していたとしても、その情報自体にバイアスがかかり、真実でない可能性も高いのです。

たとえば、業界在籍数十年のベテラン証券マンといっても、その人が語ることをそのまま信じることはできません。

なぜならば、彼らの語る言葉も、当然バイアスがかかっているわけです。手数料を稼ぐことが証券マンの仕事ですから、何を語るにしても、お客さまに実際買っていただかなければ彼らの仕事にはなりません。今が仮に買うタイミングではないとして、「今は買い時ではない、待ちましょう」という人は少ないと思います。

このように、それぞれの人間が、それぞれの立場でそれぞれの事情を抱えて生きていることを、われわれは忘れてはなりません。

たとえば、超一流の専門家であったとしても、その語る機会、場自体が、どこかの関係企業がスポンサーになっていた場合には、その専門家もスポンサーを気にして真実を率直に語っていないことが多いのです。

ですから、その専門家から真実を聞きたいのであれば、お金を払ってでも、その方に一対一で会うべきでしょう。**そして、何もバイアスのかかっていない話を直接自分の耳で聞くのが確実**です。

相手が学者だろうが専門家だろうが証券マンだろうが、それなりのフィーを払わずにバイアスのかかっていない本質的情報を得ることはむずかしいと思います。

もしお金を払わなくても、それぞれの業界において真実を語ってくれる方が存在するならば、すばらしいことです。それは同級生かもしれませんし、昔の同僚かもしれません。後輩か先輩かもしれません。

そういう方がそれぞれの業界でプロフェッショナルとして存在してくれているならば、とてもありがたいことです。

私の周りには、自分が投資しようとしている業界に高い専門性を持った知人はあまりいませんでした。そのため、本質的情報を得るためにそれなりの費用をかけてきました。

その結果、もちろんかけた経費の数十倍数百倍といった利益を得ることもできましたし、残念ながら、それほどの利益は得られないこともありました。

しかしながら、**先の表面的情報を信用して取引をし、利益を得たことはほとんどありません。**

「本質的情報」を利用した投資成功例

これまで、表面的情報と本質的情報の違いを説明してきましたが、私自身が具体的にどのようにこれらの情報を使って投資しているのかを、いくつかの実例で解説していきます。

まずは、２００３年前後のことです。１章でも少し触れましたが、新聞や雑誌、テレビのマスコミ等は当時、日本の金融機関の危機を日々報じていました。

その悪い意味での象徴的な金融機関が「りそな銀行」でした。当時の表面的情報は、「莫大な不良債権に苦しむ金融機関の多くが破綻の危機にある」といったものでした。

しかしながら、これについての本質的情報は、確かに破綻してしまうかもしれない中小の金融機関は存在したものの、大手の金融機関は公的資金の注入により破綻することはないであろうといったことと、実際には不良債権は永遠に続くわけではなく、実はそのピークをすでに過ぎていたというものでした。

私はそのとき、この本質的情報を取引先の会社など各方面から入手し、さらには各方面に確認し、大手金融機関数行に思い切った投資をしました。結果、それ相当の利益を得ることができました。

このときの私は不動産業界に在籍していたので、私自身も含め、周りの経営者の誰もが金融機関と情報のやり取りを日常的に行っていました。つまり不動産業界と金融業界は、近い関係であり、真の現場情報を得ることができたのです。

次に、2008年以降のリーマンショックおよび世界金融恐慌時のことをお話ししたいと思います。その当時は、「全世界が1929年に起こったかつての世界金融恐慌と同じような状況に陥り、多くの企業が倒産し、失業者が街にあふれ、大不況が何十年も続くかもしれない」といった記事やニュースが日々流れていました。

実際に欧米の大手金融機関の多くが破綻、もしくは破綻寸前までいった事実がありました。

この余波を受け、日本の金融機関や不動産業界を含めたさまざまな業界において、多くの企業が破綻しました。

私の取引先の会社も、20社以上が破綻し、「これからこの業界はいったいどうなってしまうのか」とため息をついたこともありました。

つまり表面的情報では、「どこまで落ち込むかわからない金融を発端とした大不況が、金融、不動産だけでなく、今後何年も続く」といった論調がほとんどだったのです。

しかし冷静に状況を分析していくと、当時の金融恐慌の実態は、（サブプライムローンといわれる劣悪な金融債権を加工した投資商品を大量に購入した）欧米系の金融機関を中心とした破綻劇であり、日本はその余波を受けているにすぎないことがだんだんわかってきました（もちろんこの余波も大きなものではありましたが）。

つまり日本の各金融機関の状況も、２００３年のときほどには傷ついていないことがわかってきたのです。

そんな中、ある外資系のリート（ＲＥＩＴ＝不動産投資信託）が１社破綻しました。そのときに、その他のリート法人も、今後金融機関からつなぎ融資を受けることができなくなり、破綻が続くのではないかという噂ベースのニュースがまことしやかに流れてきました。

こういった噂により、各法人、個人の投資家は狼狽《ろうばい》し、各リートの株価は暴落していきました。分配金利回りで８～10％を超えるような価格まで落ちていったのです。

しかし冷静に考えれば、リートが借り入れている金額程度の借り換えを、大手を中心とした金融機関が応じないわけがないですし、何よりリートは家賃収入といった安定した収益を毎月見込むことできる、ある意味優良法人なのです。

こういった判断のもと、私は、大手銀行系・大手商社系・大手ノンバンク系といった（さすがにどう転んでもつなぎ融資が継続的に実行され破綻しないだろうと判断した）数社に投資しました。

その後の市況好転により、リート各社の株も適正な範囲にもどり、この投資行為も、それ相当の利益を出すことができました。

このときも、**ただ単に表面的情報だけを見て、その真偽のほどを冷静に自ら検証しなければ、到底投資することはできなかった**と思います。

最近では、2016年2月に、原油価格がWTIの価格で1バレル30ドルを割った時期がありました。このときも、石油の価格は今後もさらに底なしに下がり、長期低迷していくだろうということが表面的情報として伝わってきました。

しかし、そういったことは起こり得ないだろうという確かな本質的情報を得て、エネルギー関連の株（これは米国株ですが）に投資しました。

このときの私は、エネルギー業界に知り合いも取引先もいませんでしたので、弊社のお客さまと、逆に有償で投資顧問契約を締結して情報をいただき、投資行為を行いました。同時に、私自身も原油関係の書籍を読みあさり、原油の歴史も含め相当時間を割いて勉強しました。それ相応の投資額でしたし、人に任せるばかりでなく、ある時期には自己責任でジャッジをする必要があるとわかっていたからです。

本書を書いている２０１８年８月現在では、ＷＴＩの原油価格は当時の倍を超え、１バレル65～70ドル前後まできています。

このように、**非常に悲観的なニュースが表面的情報として新聞雑誌をにぎわせている中で、本質的情報を得ることで投資行為を成功へと導ける**のです。

「絶好調」の「絶」で売る

投資行為において、「いつ、何に投資する」かは、今まで述べてきたように簡単ではないのですが、**「いつ売る」のか、そのタイミングをどうやって決めるのかも、実はか**

なりむずかしいといえます。

投資の教科書を見ると、一度買ったものは、数年から数十年保有することによって、複利効果を享受でき、資産が増えていくと書かれているものがあります。

私もウォーレン・バフェット氏のように、本質的には、そうすべきだと思います。

しかし、日本国内の状況を鑑みたとき、就労人口の減少および経済が縮小していく事実を踏まえれば、国内において長期間保有することが果たしてほんとうに良い結果を生むのだろうかと感じます。私自身、実際に投資の現場で、長く持ちすぎたことによって利益の過半を逃してしまった経験も少なからずあります。

人も企業も、栄枯盛衰といった宿命がつきまとうのは同じでは、と思います。その周期が現代の日本企業では短くなってきていると感じます。

もちろん、私はデイトレードや短期売買を得意としていませんし、実際行ったこともありません。基本的には、中長期の投資を常としています。ただし、優良な不動産と違って、株式に関してはやはり値動きが激しいのも事実ですので、いつかは売るタイミングを考えていかなければなりません。

そこで「この売るタイミング」なのですが、古今東西の投資家や投機家がいろいろな格言や言葉を残しています。ここではそういったものも含めて、私オリジナルの「売るタイミング」をお伝えします。

それは、**「絶好調」の「絶」で売る**、です。

投資行為をしていると、自分の想定したとおりに、または想定以上に株価が上がっていくことがときどきあります。「自分の思惑が当たった」とうれしく感じ、まさに「絶好調！」と感じます。

私は、この絶好調と感じ始めたときに「売る」、つまり絶好調の「絶《ぜっ》」で売ることを推奨したいと思います。

まったくのこじつけですが、私はこの絶好調の一字一字をこのように解釈しています。

絶好調の**「絶」の字は、「途中で絶ち切る」**という意味があります。

次の**「好」は、「好事魔多し《こうじまおお》」**を意味しています。

そして最後の**「調」は、「すでに調子に乗っている」**の調です。

「絶」のタイミングで売るとは、つまり**「自分の欲望を自ら途中で断ち切り売る」**の意味です。「もっともうけたい」という欲を断つのです。

「好」にさしかかれば、すでに「魔多し」の状態です。

「調」まで引き延ばせば、次の瞬間に株価が下落していくリスクがあるかもしれません。

もちろんその後も株価がさらに上昇していくかもしれませんが、それこそ「神のみぞ知る」の領域です。

昔から「利食《りぐ》い千人力《せんにんりき》」という投資の格言があります。含み益に喜んでさらに利益を追うようなことはしないで、ある程度でもうけを確定させるのが賢明だという教訓です。

しかし、この格言を実際に実行に移すことは非常にむずかしいものです。

なぜならば人間には「欲」があるからです。

そこで、ある意味機械的に、絶好調の「絶」で売れ、なのです。

資産を確実に増やしたいなら、これを守るのが重要です。

投資の教訓として覚えてほしい二つのこと

以前、非常に気になったニュース記事に「米国メジャーリーグの選手は、引退後５年以内に80％が自己破産する」といったものがありました。また、以前ＮＨＫの番組でも、元ＮＦＬ（全米プロアメリカンフットボールリーグ）のプレーヤーの約78％、元ＮＢＡ（全米プロバスケットボールリーグ）のプレーヤーの68％が、現役引退後に自己破産に追い込まれているという報道を見たことがあります。

さらには、サッカー元プレミアリーグのおよそ５人に３人が引退後５年以内に自己破産しているといった記事も読んだことがあります。

たとえ破産者の数がこの数値の半分だとしても、これはすさまじい数です。

これらの記事では、その原因として一様にミリオネアだった選手たちの「元来の金遣いの荒さ」や「離婚による莫大な慰謝料の支払い」に加えて、「インチキな投資話に容易に乗ってしまう」という、金融リテラシーの低さを指摘していました。

日本でも過去に、某プロ球団の野球選手2名が不動産投資で大失敗し、億単位の借金を抱えてしまった話は有名です。

私は、こういった話を聞くにつけ、有名スポーツ選手には、ある種独特の共通の思考があるように感じます。

それは「自分は特別な存在だ」という思いです。私も野球少年でしたので、レストランであこがれだった元野球選手に出会ったときなどうれしくて、駆け寄ってサインや握手を求めたことがありました。確かに彼らが「特別な存在」であるのは間違いありません。

しかし、**「投資に成功する」ことと「特別な存在」であることは、本来何の関係もありません。**

彼らのもとに、仮に周りから「おいしい投資話」が来たとき、彼らはきっとこのように思うでしょう。

「(自分が特別な存在だから) こんな (特別な) もうかるおいしい投資話が来るんだろう。ありがたい!」と。

また、彼らは子どもの頃から、純粋にスポーツを一生懸命やってきて、人生において人を疑うことなど、ほとんどなかったかもしれません。

ここで教訓として、覚えていただきたいことが二つあります。

一つは**「おいしい（投資）話は向こうからやってこない」**ということです。

家にいながらにして、電話やメールでやってくる投資話は（一部を除いて）、おおよそ投資不適格な案件ばかりです。

「未公開情報」と銘打って向こうから流れてくる情報も、同時に何千通も送られている実質「誰でも熱烈歓迎！　大公開情報」なのです。

皆さんも、何か良さげな情報を「内々で」ともらったとき、自分が特別だからとは思わないまでも「自分はツイている」と思ってしまったりしませんか？　しかし、実際にはそれほどツイているとはいいがたいケースがほとんどでしょう。

やはり、なかなか存在しない優良な投資案件（情報）を入手するには、こちらから出向いて行って、積極的に情報を求めなくてはなりません。

不動産業界でいえば、最大手の三井不動産や三菱地所さえも「何か良い情報はありませんか？」と入社1年目の新入社員から役員まで日々、良質な情報を求め外に探索に出ているのです。

もう一つは、投資全般において **「性善説に立って投資をしてはいけない」** ということです。

「知り合いの〇〇さんの紹介だから良い情報だ」とか「おなじみの〇〇さんが、あなただけに、といって持ってきた案件だから」など、**情報を持ってきてくれた方の人柄やバックグラウンドと、投資案件の本質的な良し悪しは、何の関係もない**のです。

それではいったい、どうしたらいいのでしょうか？

やはり不動産投資にしろ、株式投資にしろ、その投資対象の良し悪しを「自分で判断できる目を養う」必要があるということです。

これには相当な量の失敗と努力を重ね、良い師匠を持ち、さらに努力と勉強を重ねる以外ないと思います。

最近よくいわれる「金融リテラシー」を身につけるのは容易なことではないかもしれ

ません。

しかし、これを避けて大きな投資行為を行ってしまうと、元大リーガーたちと同じ道を歩んでしまうリスクがあります。

とりあえず、この二つのことを覚えておいていただくだけでも（十分ではありませんが）まったく結果は違ってくると思います。ですから、もう一度書きます。

「おいしい（投資）話は向こうからやってこない」

「性善説に立って投資をしてはいけない」

column コラム①

江戸時代から続く大資産家の驚くべき家訓

これまで個人的興味から商家に伝わる家訓を意識的に集めてきました。

理由は、自らのビジネスや投資行為に直接的に役立つからです。

あるとき、大変興味深い家訓と出会いました。

その家は、江戸時代から続く庄屋であり、いわゆる高級住宅地の部類に入る地域に1万坪以上の不動産を所有されていました。

現代では、その不動産を活用し賃貸業を行っていました。

この大資産家の家に伝わる家訓が、なんと、

「一生遊べ」

だというのです。

通常、とくに船場の大阪商人や京都商人の家に伝わる家訓には「質素・倹約」「始末」といったものが数多く見受けられますが、「一生遊べ」なる家訓は、いったい何なのだ？　と聞いた瞬間にはまったく真意がわかりませんでした。

実際、現在の当主は、成人してからその家訓を守り、遊び続けたそうです。

「毎日、母親が私に200万円を渡してくれ、そのお金を持って毎晩夜の街に繰り出した」

銀座や吉原に散々通ったそうです。

彼があるとき、母親に「一体、自分は年間どれぐらい使えるのか？」と聞いてみたところ、母親から、

「7億円なら」

という答えが返ってきたそうです。

ところが、毎晩200万円という金額は、到底使い切れなかったというのです。

そして、結局最後には「心底疲れた」となったそうです。

さて、そこでこの方は次に何をしたでしょうか？

寄付行為でしょうか？　慈善事業でしょうか？

答えは「ビジネス（事業）を始めた」です。事業というものはある意味怖いもので、こういった資産家の方の事業には銀行は積極的に融資します。

おそらくさまざまなビジネスの話も持ち込まれたことでしょう。

実際始めたビジネスも、最初は数億円規模の事業だったものが、数十億、数百億と、あっという間に拡大していったそうです。

そして……結果は「事業の失敗」です。担保として差し入れていた不動産はすべて借入金返済のために売り払ったそうです。

もともとこの資産家の年間収支は、税引後の純利益で8億円はあったようです。

ですから、毎日遊び続けて、年間7億円使ってしまっても、キャッシュ・フロー上は黒字で、資産は目減りしなかったのです。そこで「一生遊べ」だったわけです。

「事業」というものはこの「家」にとって「余計なこと」であり、まさに「大きなリスク」だったのです。

「余計なこと（＝ビジネス）」などしないで、家作が生み出すキャッシュ・フロー以内で遊び続けてくれたほうが先祖代々の資産は守れたということなのです。

さて、われわれ一般の人間がこの家訓から学べることは、何でしょうか？

私なりに意訳するとすれば、それは、ビジネスや投資において「余計なことはするべきでない」ということではないでしょうか。

現在、本業とは別に、副業を行うことが流行っているようですが、副業をすることで、本業も含めての大赤字に転落してしまったり、本来の投資の範疇を超えて「余計な投資」をしてしまい、かえって大損を被ることは、一般的にも多々あることです。

第 3 章

経済における逆張り的思考

こんな時代はむしろ、地方経済が参考になる

1章でも述べたように、これからは日本経済全体が縮小していく時代に入るのは間違いないと思います。このことを知ると、多くの人はある種の「あきらめ的思考」に陥ってしまうかもしれません。

ただここでは、私は逆説的なことを申し上げたいと思います。

たしかに日本は、これから就労人口の減少と少子高齢化および貧富の格差等の二極化がますます進むのを避けられません。しかし、仮に人口が今の半分になっても、6000万人以上がまだ残っています。これは、現在の韓国の人口約5000万人よりも多いですし、イギリスの現在の人口約6500万人に迫る数です。

よって、私は**商売はやりづらくなるけれども、生き残る方法はいくらでもある**のではと思っています。

これからの厳しい時代において参考となるのは、東京の都心部で、現在飛ぶ鳥を落と

す勢いで商売をしている方々ではありません。

逆に私は、日本が抱える問題点が出ている地方経済で、いくつかのことを学びました。

熊本県天草《あまくさ》市で見た事例をお話しします。

天草市は、人口約8万人で熊本県では人口3位の市ですが、広さは東京23区とほぼ同じで、なおかつ天草諸島という非常に多くの島々の集まりです。

諸島の中で一番栄えている島の中心部には、熊本市内からは船で行くか、または5つの橋を渡っていかなければなりません。最寄りであるJR三角《みすみ》線三角駅からは車で約1時間半ほどかかります。このようなある意味僻地でも、しっかり商売を成功させ、かつ持続させている会社が何社もあるのです。

ここで私は偶然ですが**「島の経済」**というものを学びました。

この地域にもユニクロやイオンはあるのですが、私は、まず地元で長く続く企業がどのように生き残っているかに興味を持ちました。そしてその「島の経済」について、私なりにいくつかの発見がありました。

地元の企業が商売をしていくうえで大切にしていることは、東京の感覚とは異なるようです。

東京では、まず競争に勝てるような付加価値を生むとか、何か革新的なアイデアやものを生み出すことに考えがいたると思います。

これももちろん非常に大事ですが、この地方の経済を見ていると、どのように一企業が持続し、お金が回っているのかは、東京のそれとは大きく異なっていることがわかりました。

この独特な島の経済を、私は**「紹介経済」**と名づけました。

それは、たとえばこのようなものです。

ある小さい会社が社用車のガソリンを入れるところは、必ず一つと決めています。車を修理に出すところも、つねに同じ修理工場です。八百屋、米屋、酒屋、設備屋、工務店、水道屋、電気屋、すべて一店だけと取引し続けるのです。

その結果、その取引先が必ずその企業の顧客となるだけでなく(これが私の驚いた点なのですが)、つねに誰か新しいお客さんを連れてきてくれるのです。

たとえば3日間、ある手作り家具店の展示即売会に立ち会ったことがありました。その3日間とも近所や知り合いの方々が寄り合いに参加するかのように来店していました。

しかし、その方々は一生ものの家具をすでにその店から買っていますので、さらに買い足すのは現実的ではありません。そこで、その店で販売している手作り家具（けっこう高価な価格帯です）を買いそうなお客さんを、勝手に連れてきてくれるのです。

これを目の当《ま》たりにしたとき、果たして東京で同じことが起こり得るだろうかと感じました。

仮に東京で一定期間何か（たとえば自作の陶器や絵画を）展示販売しようとしたとき、知り合いにそれを告知したとします。期間は３日間としましょう。ハガキやメールを出した知人のうち、何人かは展示会や展覧会に来てくれるかもしれません。そして、そのうち何人かは、実際に財布を開いてお金を落としてくれるかもしれません。

しかし、３日間連続で来てくれる人は、おそらく誰１人いないでしょう。

私は天草市で、まさに３日間展示場におりましたが、毎日違うお客さんをわざわざ連れてきてくださる方が、何人もいたのです。

１人の知り合いが、３日間を通じて新たな顧客を合計３人連れてきてくれるケースを何度もこの目で見て、ほんとうに驚きました。

私が天草の建築士の先生に「先生、これはいったい何なのですか？」とお聞きしたところ、先生いわく、「天草は今でこそ橋でつながっているけれども、もともとは小さな島の集まりでしかなかった。だから、今の若い人はそうでもないかもしれないけれど、ある年齢以上の人たちは、日常的にも経済的にも『助け合う』考え方が心の底に根本としてあるように思います」とのことでした。

東京では、「ギブアンドテイク」などという言葉をよく耳にします。しかし、**「何かを得ることを期待しつつ、何かを与える」といった「ギブアンドテイク」的なものとは、何か本質的に異なるもの**を見た気がしました。

「何かを期待して何かを与える」という次元ではないようです。

この紹介経済的なものを、たとえばこの天草の人たちのように徹底的にやっている経営者やビジネスマンは、東京では意外に少ないのではと思います。

大都会で経営を学ぶとすると、どうしても、古くはパナソニック（旧松下電器産業）の創業者・松下幸之助さんや京セラの稲盛和夫さん、近年ではソフトバンクの孫正義さんあたりの書籍や行動原理、言葉から何かを学ぼうとします。

私も32歳で独立した当時は、松下さんや稲盛さんの本を何冊も読みました。そして、心に響くものも確かにありました。しかし、自分の零細企業を運営していくうえで、次の日から何か実際に役に立ったかといえば、正直何かを実行に移した記憶がありません。

しかし私が天草で見た**「取引先の数を追うのではなく、既存の取引先との関係を物理的、時間的により深める」**ということは、十分翌日から行動に移せる、実に有効な生き残り戦略と感じました（天草の方々は「戦略」だとはまったく思っていないでしょうが）。

一方、ビジネスを成功させよう、または持続させようとするときに、私もそうでしたが、つねに販路を広く拡大していく――「取引先をとにかく広げて増やしていこう」と考えるのは当たり前の戦略でしょう。

しかし、この天草のような地方都市においては、そもそも通販でもやらない限り地理的には顧客は広げようがないのです。少し陸を車で走れば、その先は四方が海なのですから。

そういった地域では、自分の半径数キロの範囲にいる一人ひとりと深く長期間にわたり良い関係を築き、かつ商取引をすることにより、お互いが経済的にも自然と協力し合える関係を築いているのです。

これを読んでいらっしゃる方が大企業の経営者や経営幹部であれば、この話はあまり役に立たないかもしれません。

しかし一般の方々が自分の人生を生き抜く手段として、もしくは中小零細企業の経営者の方にとっては、とにかく販路を広げていく（付き合う人の数を増やしていく）といった戦略からは逆の発想として役立つかもしれません。

数は限定されても一人ひとり、1社1社と、とことん深く付き合っていくことが、「厳しい時代に生き残っていく」うえで重要なのではないかと感じます。

格差社会と皆がいう今こそ、逆にチャンスがある

最近雑誌やテレビ、ネットでよく見聞きする言葉に、「格差社会」というものがあります。

確かに格差は広がっているのでしょう。ただしこれはいつの時代に比べてでしょうか？

日本の高度経済成長期直後の一番良い時代、またはバブル前夜やバブル経済の頃に比べれば、いろいろな意味での格差は確かに広がっているのかもしれません。

しかし日本では、昭和32年まで農村で餓死者が出ていたのです。太平洋戦争が終わって12年後でもそうだったのです。

もう少しさかのぼると、私の父は昭和６年生まれですが、ぎりぎり戦争には行かずに済んだ世代です。

この戦争中に、少年だった父は栄養失調と結核が原因で３人の姉を続けて亡くしたそうです。病院に入院するお金も、薬を買うお金もなく、結局、自宅で一人ひとりを看取り、亡くなった後は、自力でリヤカーに乗せて火葬場まで運んだそうです。当時、こんな悲惨なケースは日本全国、旧満州全域に当然のごとくいくらでもあったと思います。

しかし、この時代にもお金持ちは存在し、子どもに栄養のつくものを与えられていた家庭もあったのです。

さて、この時代に比べて現代の日本は、貧困にあえぐ格差社会といえるでしょうか。

比べる時代が悪すぎるといわれるかもしれません。しかし、何がいいたいかといえば、**今の時代の格差はまだまだ努力次第で十分に逆転できるのではないか**、ということです。

一番良くないのは、どうせこの社会が悪い、この格差が悪いといってあきらめてしまうことです。

たとえば、**どんな家庭に育とうが、大手企業に入れば、ある程度の収入は見込めるし、貧困を断ち切ることもできるはず**です。

その大手企業に入るために、月謝の安い国立大学進学を目指すとします。それならば、仮に東京なら、東大合格者数が多いといわれる、都立日比谷高校進学を目指せばよいのです（日比谷高校の次のランクの高校でも国公立大学進学は十分に射程圏内です）。

その日比谷高校の学費は月２万円弱ですが、マクドナルドのアルバイト代で生徒自身が払えない金額でしょうか？　就学支援金制度もあります。どうにかこうにか日比谷高校を出た後に格差を逆転できないでしょうか？「今は格差社会だから」と、最初から日比谷高校に進学することをあきらめてしまうとしたら、もったいない話です。

私は、逆張り的な発想でいえば、世の中のせいにしてあきらめている人が多ければ多いほど、チャレンジする人が少数派になるわけですから、逆に大きなチャンスがあるのだと考えます。

会社の例で説明しましょう。

社員数が１００名の会社に、同期５人で新入社員として入社したとします。５人のうち４人が「どうせ今は不況だし、経済も縮小していくから、会社も大きくならない」と何事にもやる気を出さず、先輩社員たちも「がんばっても無理だよね」という中で、高い士気を持って働き続けたとしたら、その人の出世する確率は高まるばかりです。

つまり**世の中の風潮や社会に対する評論家的な批評などに耳を傾ける必要などなく、自分の道を一生懸命進むことにより、はじめて道は開ける**のです。

やる気のないチームメイトと野球の試合をしても、試合にはおそらく負けるでしょう。しかし、そんな中でも一生懸命プレーする人は目立ちますし、美しくさえあります。そして、そういう試合を必ず誰かが見ていて、その人だけに試合が終わった後に「声」がかかるのです。

社会に出れば、結局は他者との競争となるわけですから、まわりがやる気をなくすほど、競争状態はゆるくなるのです。

これをチャンスといわずして何というのでしょう。

逆張りにおける質屋とカジノ

ほとんど注目されていない業種や職業、もしくは今では時代遅れの業種や職業に注目し、その業界に新たに参入する人は多くありません。**だからこそ、その業界で何らかの工夫を加えた新ビジネスをやってみる**、ということもまさに逆張り的発想です。

たとえば、質屋という業種があります。私は周りで質屋をやっている人、または質屋で働いている人を誰も知りません。また質屋を利用している人も1人も知りません。ですが、なぜか街中でときどき質屋を見かけます。1960年代以前を舞台にした小説などを読むと、よく大切な時計や和服などを質に入れてわずかなお金を借りるといった話が出てきますが、今はこのようなお金の借り方をしている人もほとんど見かけません。

現在の質屋は、品物を持っていってお金を借りるのではなく、ブランドものなどを持ち込んで現金に換えるといった業態に変わってきているように感じます。

私が質屋に興味を持った理由は、以前、質屋という貸し金業者がどのくらいの金利でお金を貸しているのだろうかと調べたためです。

その結果驚くべきことがわかりました。質屋では、貸金業法は適用されず、質屋独特の質屋営業法なる法律が適用されているのです。そのため、なんとグレーゾーン金利をはるかに上回る高い金利でお金を貸しているのです。

とはいえ、お金を借りるのであればクレジットカードのキャッシングや銀行系カードローンなどで十分事足りるでしょう。ですから、いまさら新たに質屋を開業する人はいないように思います。

しかし私は、ここに逆にチャンスがあるのではないかと思います。皆が見向きもせず、時代遅れだといい、競合する者が少ない。何か新しい発想を持った者はこの業界には入ってこない。しかしながら、貸金業法で規制されている金利をはるかに上回る高い金利を設定できるのです。

私の質屋に関するちょっとしたアイデアを少しお聞きください。

今後、日本においてカジノが解禁されようとしています。

このカジノの近くで質屋を開業し、中古の高級時計や宝石の販売店も併設します。つまり質屋と高級宝飾品店を隣接して営業するのです。

カジノでその日持参した現金をすってしまったお金持ちが、クレジットカードキャッシングによってATMからもお金を出し切った後に（カジノの中にATMがあるかどうかはわかりませんが、もし何らかの規制でATMがなければなおのこと）、その日さらに賭け事を続けたいと考えたときは、どうにかして現金をすぐに用立てようとするでしょう。そこで、カジノの近くにある宝飾品店が役に立つのです。

たとえば500万円の高級時計をクレジットカードで買い求め、その時計を隣にある質屋に持ち込むのです。質屋では、300万円程度しか貸してくれないかもしれませんが、高級時計を現金化して、再度カジノに向かうといった具合です。私のアイデアはこれを期待したものです。

これはある意味、カジノで遊ぶ富裕層をターゲットにした正真正銘の「富裕層ビジネス」です。

こういった質屋の営業の仕方が、間違いなく出てくると私は思います。

ここでミソなのは、高級宝飾品店とのセットだということ。ダブルでもうけるのです。

衰退産業こそ成長産業

農業においても、これまでのように、農協から資産を借り肥料や種子を購入し、農協を通して勝手に選別された農作物を販売していく形態が、全国的に変化しています。

農業は若手の従事者や後継者が減り続け、極めて高齢化が進んでいる業種です。そのため耕作放棄地が増えています。

しかし一方では、衰退していると思われるこの業界の中でも、農業を事業ととらえ、しっかり利益の出るビジネスとして軌道に乗せている方々も多くいるのです。

農協に加入し組合員であれば農家は安泰であるといった時代は、すでに終わりを告げています。

賢明な農家は自らの商品を、農協を含めた中間業者を介して販売するだけでなく、東京や大阪等の大都市（または大手小売業者）へ販売するルートを持ち、またはネット等で直販して、より高い利益を得ているのです。

農業における販売面では、梱包や包装の仕方、商品の見せ方、またネットの活用など、まだまだ成長の余地があるのも事実です。

日本の農業は今までさまざまな規制に守られてきたこともあり（農地法等）、他者の新たな参入は非常にむずかしいものでした。

それゆえ、この何もかもが開発し尽くされた日本において、未開の地として残っているのです。だからこそチャンスがあるのではないでしょうか。


地方では、農業を専業でしっかりやっている方ももちろん多いのでしょうが、副業をしている方も少なくありません。たとえば工場で働いたり大工をしていたり、タクシー運転手をしながら農業をやっていたりします。

つまり「半農半タクシー」です。

そもそも百姓という言葉は、もともと江戸時代に「士農工商」でいう「農」の人々が、農閑期にわらじを編んだり、民芸品を作ったり、大工仕事をしたり、荒物を作ったりと、農業以外にいろいろなことをやっていたから、たくさんの別姓（呼び名）があったことを表しています。

私は地方を回っていろいろな方と話すのですが、その約半分以上の方が何らかのかたちで農業に関わっています。農業でもうかっているかどうかとか食べることができているかといった無粋な質問はしませんが、一つだけ彼らに共通していることがあります。どの方も、**表情が明るく、幸せそうである**ことです。

これはいったいどういうことだろうと考えると、地方ゆえの独特の経済活動がしっかり存在することがわかりました（東京からすると独特ですが、地方では当たり前かもしれません）。

地方に行けば行くほど顕著なのですが、米・味噌・醤油といった日本人が生きていくうえで最低限必要と思われるものを多くの家庭で自給自足しています。

また、人によっては家で取れた農作物だけでなく、簡単な労働力の提供（草取り、植木の剪定《せんてい》、農作業の手伝い等）などと、他の家の農作物や魚介類等を自然なかたちで交換することで、あまり現金の支出なくさまざまな食料を入手しているようです。

東京ではほとんど見られないこの食料や労働の交換を、私は勝手に**「交換経済」**と呼んでいます。

もちろん米・味噌・醤油や他の作物、魚介類だけでは生きていけませんので、それ以外のものを買うための現金支出は発生しますが、それを農業だけでなく副業で補っているのです。

ある農業学者によると、約240坪の土地があれば、家族4人が自給自足できる計算になるそうです。都会での生活やビジネスにこだわらないのであれば、地方移住という、これまたある意味逆張り的な発想による暮らし方が存在すると思います。

私が地方を訪れたとき、最初に目が行ったり仲良くなる人は、都会から地方へ越してきたという人がどうしても多いのです。

こういった方々の中には、地元企業向けにウェブデザインをやっていたり、ウクレレ教室や音楽教室をやっていたり、また、規模は小さいながらもめずらしいハーブを育てている人もいますし、まだ田舎ではめずらしいアロマサロンやネイルサロンを開業している人もいます。

そして、自分でも小さな畑を借りて何らかの作物を育てたり、農家の繁忙期には収穫を手伝ったりして、自分たち家族が必要としている食料の一部を得ています。

都会と地方を、どちらがより多く資産を持っているか、どちらがより収入が高いかといった面だけで比べてしまうと、その結果は明らかなのかもしれません。

しかし、私が**地方で出会う方は、皆さんたいてい、人生を楽しみ、幸福である**ように感じます。

この人たちは、そもそも逆張り的発想という考えで地方に来ているのはありません。単純に、「そうしたいからそうした」という結果でしょう。

そうであっても、私から見ると、これは間違いなくある種の逆張り的発想による行動に感じるのです。

アップサイド無限大の投資

投資の世界では、投資した金額が10倍になった場合、これを「テンバガー」というそうです。私もこれを狙って投資をしたことがあるのですが（苦笑）、10倍はさすがにむずかしいと感じます。

ギャンブルでも大穴があるように、それを夢見て投資することも悪くはないと思いますが、正直今まで投資金額が10倍になったようなことはありませんでしたし、おそらく今後もないでしょう（なぜならば、普通は10倍になる前に売ってしまうからです）。

ところがあるとき、ふと「もしかしたら、この投資（?）は、10倍どころではない投資になるかもしれないな」と思ったことがありました。

実は数年前から、地方在住の親戚の女の子のバレエ教室代を（私からお願いして）毎月出させてもらっています。

あまり考えず月謝の支払いをスタートして、すでに丸2年が経過しました。

ところが、あるとき、このわずか月数千円のバレエ教室代が、もしかしたら彼女の人生を大きく変えるかもしれないと勝手に夢想したのです（笑）。

つまり今は地方の普通の少女ですが、このままもしもバレエを続け、身長も手足も伸びて、踊りと歌のセンスが備わった子になったら……。なおかつ彼女がまだ一度も観たことがない宝塚歌劇団を観て、そこに入りたいと熱望し、入学試験を受けて、受かってしまい、なんとか組のトップになってしまうなんてことが起こるかもしれないと。

そのとき感じたことは、

「あっ、この月数千円の投資こそが、まさにまぎれもなくアップサイド無限大の投資というものだな！」

でした。

もちろん、数年後には彼女はバレエに飽きてやめてしまっているかもしれません。また、バレエを続けた結果「健康的な女子高生になった」で終わりかもしれません。私も本音はそれでいいのです。

ただし、可能性としては、将来、天海祐希さんや檀れいさん、夢咲ねねさんのようになることが100%ないとは誰にもいえません。

私が毎月数千円を投資しても、アップサイド無限大などという〝商品〟は他に思い浮かびません。

仮に私がこれから何かを習っても、劇団四季に入ることは100%不可能です。しかし彼女なら、宝塚から劇団四季に入ったり、女優になったりすることも100%不可能とはいいきれないのです。

株式などの金融商品や不動産に投資したところで、所詮そのリターンには限界がありますが、そう考えていくと、数ある投資の中でも総論として「教育」に投資するということは、将来の計り知れないリターンも含め、非常に効率が良いのではないかと感じます。

とくに幼い頃における教育に対する投資行為は、まさにすべてがアップサイド無限大ではないでしょうか。

実はわれわれのようないい歳をした大人においても、自分の「教育」に投資することが一番効率の良い投資ではないかと思います。もちろんアップサイド無限大とはなかなかいきませんが（いや、わからないか……）。

毎月数千円投資信託などに投資して、果たして人生が何か大きく変わるでしょうか。せいぜいお金がちょっと増えるくらいなものだと思います。

しかし教育は違います。

語学や何かを専門的に学ぶだけでなく、世界を旅することなども立派な教育的投資だと感じます。

ところで、先日、その親戚の女の子に、

「○○ちゃん、今度、東京へ来て、宝塚観に行かない？」

と聞いたところ、

「行かない！」

ときっぱり断られました（笑）。

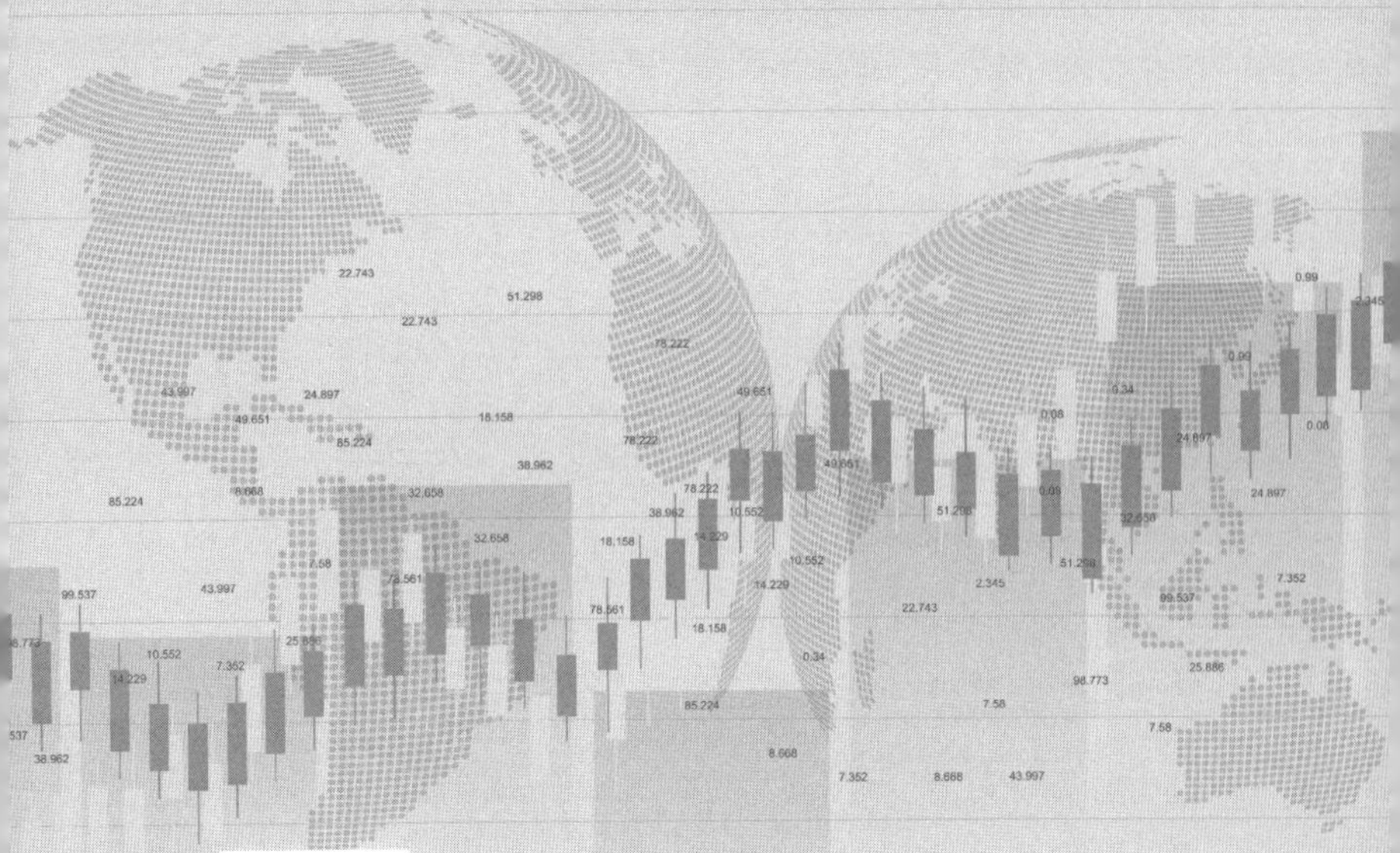

第 4 章

ビジネスも逆張りで生き残る

皆がネットなら、リアルに会いに行く

現代はまさにＩＴの時代。とにかく何もかもが便利になりました。

ビジネスでも、昔ならば、書類を取引先に届ける必要に迫られたとき、当然ながらわざわざ電車に乗って先方まで持参したでしょう。ファックスの時代もありました。

しかし現在では、大量の資料もメールに添付して一瞬のうちにやり取りができます。

私も、毎日多くのメールを受信・返信し、非常に効率よく日々の業務を行っています。

とはいえ、たとえば何かこちらの責任で重大なトラブルを起こしてしまい、謝罪が必要となったときには、メールで済ますのではなく電話をかけるのが好ましいですし、さらに良いのは、実際に会って謝ることです。

これは何か大事な頼みごとをするときも同じです。

不動産の業界にいると、さまざまなトラブルが発生します。

そして、そのつどお金がからむことになるので、謝罪する必要があるときは、それなりの神経を使います。

かつてこんなことがありました。

ある不動産の売買において、私が買主側の仲介業者になり、一方、売主側にも仲介業者が入るということがありました。しかし私のお客さま（買主）が、契約前日の夜に急に気が変わって、その不動産を買うことをやめたいといったのです。

その理由は何であれ、これまでさんざん売主側の業者さんと話し合い、契約の内容を詰めてきたわけですし、もちろん売主もわれわれからの申し出によってスケジュールを組み、何月何日には不動産が売れて、お金が入ってくるだろうという計画を立てていたに違いないのです。前夜ではあっても契約にはいたっていないわけですから、買主側に何ら法的な責任はありません。しかし、道義的な問題は当然発生します。

まさか前日の夜、それがたとえ何百文字に達する長文だったとしてもメール1通で、「陳謝」と「これこれこういう理由で大変申し訳ないのですが、明日の契約を一方的に破棄させてほしい」といったところで、こちらの誠意はまったく伝わらないでしょう。仮に電話で謝ったとしても、その結果は同じだと思われます。

そこで私は、次の日の早朝（つまり契約予定日の当日）、まず24時間空いている酒屋に行き、ビールを1ケース買い、それを肩に担いでオープン前の不動産業者の事務所に行きました。その日は契約予定日でしたので、当然、先方の不動産会社は書類も含めいろいろ準備しているわけです。一部仲介手数料も入ってくるわけですから、そのお金の使途についても考えていたかもしれません。

季節は真夏でしたので、ビールのケースを抱えた私は、汗びっしょりとなったシャツのまま、オープン前の不動産会社の前で社員の方が出社するのを待ちました。

結局、気持ちよくかどうかはわかりませんが、こちらが契約を一方的に破棄することを社長自ら了承していただきました。もちろん腹立たしかったと思います。しかし、朝一番、ビールケースを持って詫びに来た行為に対してやむを得ず「了」としてくれたのだと感じます。

これはいかにも不動産業界っぽい話かもしれませんが、やはり**詫びるというのは、土下座をしないまでも、相手のところに出向き、心の中では土下座をし、その気持ちをしっかり言葉や態度で直接相手に伝えるべき**だと思います。

皆さんにとって、将来にわたって長く付き合っていきたい、取引していきたいと強く感じている相手とは、何でもメールでやり取りするだけでなく、極端なことをいえば、**何の用事がなくても直接会いに行き、雑談などをするのがいい**と思います。

会う理由は何もなくてもいいのです。この雑談が実に大事なのです。

現代社会は何でもかんでも効率重視です。しかし**逆張り的発想でいえば、それゆえに、まさにアナログですがただ会って話すことが重要**なのです。

これには思わぬ効用があります。単に雑談をしていく中で、いろいろなところに話が飛びます。

そして、その中から思わぬビジネスや投資案件が飛び出すことが多々あるのです。

「ところでこんな投資話があるのだけど、長谷川のところも少し加わらないか」とか、「そういえばこういうプロジェクトをやっているのだけれども、一部お前のところで業務委託として受けてもらえないか？」といった話になることもあります。

もちろん雑談をするには、すでにある程度良好な関係を築いているのが前提です。

こういった「突発的な話」は、やはりリアルに会う機会がなければ、生まれないでしょう。メールでは「そういえば……」とはなかなかならないものです。とくに忙しい人の場合、メールはつねに数行程度ですから。

真夏にネクタイをする

少し冗談っぽいですが、私は真夏にネクタイをするのが嫌でサラリーマンをやめたといってもいいかもしれません。サラリーマン時代、この高温多湿の日本において真夏にネクタイをするのは、「修行僧のようだ」と思っていました。

ところが現在は、クールビズが流行り、銀行や官庁も含め多くの企業で、夏にはネクタイをしなくてよくなりました。ほんとうに喜ばしいことだと感じます。

しかし、同時にあまのじゃくな私は、これだけどこに行ってもネクタイをしていない人ばかりなのだから、「私がネクタイをすればいろいろな意味で目立つな」と思うわけです。

私は普段、決して服装に気を遣っているほうではありません。

しかしながら、皆さんの前で講演をする機会が年々増えてきており、また、弊社の顧客層の中心はある意味富裕層といわれる方々です。

あるとき本を読んでいたら、「何だかんだいっても人間は見た目が大事。詐欺師だって本物に見えるように精一杯良い服を着て、がんばっている。だから何者でもない人が、着るものに注意を向けず、自分は中身が一流なのだからこれでいいのだなんていっているのは残念ながら大きな勘違いだ」といったことが書いてありました。

「あ！　これは自分のことだな」と感じました。自分は経済産業省の事務次官でもなければ、一部上場企業の社長でもないし、東大の教授でもないわけです。結局世間的には何者でもない。ですから私のレベルでは、詐欺師同様に、服装に気を配るべきだと感じました。

それ以来私は、お客さまと会うときや講演等を行うときは、なるべく高いスーツを着て、真夏でもしっかりとネクタイをするようにしています。

自分でそうしてみてあらためて感じるのは、残念ながら**「人は他人を見た目で判断する」**ということです。どんなに高い能力を持ち、崇高で誠実な心を持っていたとしても、ぼろぼろの服を着ていては、相手にはその見た目で判断されてしまうのです。

これは残念ながら当たり前で、**相手は自分の親戚でもなければ親でもきょうだいでもありません。「心の中まで見てくれ」というほうが無理**なのです。

ですから、いわゆる誰もが知っているような超一流の人以外は、やはり身なりに気を使うべきでしょう。昔から「馬子《まご》にも衣装」という良いことわざが日本にはありますし……。

極論ですが、たとえば、孫正義さんやイチローさん、松井秀喜さん、矢沢永吉さんが雑誌のインタビューを受けるときに、Tシャツと短パンで現れても、誰も文句はいわないでしょうし、逆に「さすがだな。あのTシャツは10万ぐらいするものじゃないか？」となるでしょう。

しかし、何者でもない人が同じ格好で現れたら、「相手に対して敬意がない」となるわけです。

何を着てどのような格好で行くかは、「相手に対する敬意の表れ」ともいえます。

私はそこに気づいてからは、たとえ居酒屋での飲み会であっても、尊敬する相手であれば、講演のときと同じように自分の持っている服の中で一番良いスーツを着ていくように心がけています。こういった心意気は、きっと相手にも伝わるのではないかと思います。

もう一つ、**着るものと同時に重要なものは、「靴」**です。

もう20年以上前ですが、不動産バブルという時代がありました。日本全国どこも景気が良く、とくに東京では毎夜盛り場に人があふれていました。

その当時は、夜10時を過ぎた頃に道端でタクシーを止めることは不可能でしたし、タクシーによる乗車拒否も日常的でした。

あるとき、運よくタクシーをつかまえて乗車したとき、「どこに行くかもわからない客を乗車前にどうやって選んでいるんですか？」と尋ねました。すると運転手は「靴だと答えました。「靴の良し悪しでだいたい懐具合がわかる。六本木で乗車して渋谷駅まで行ってくれという客なのか、郊外の高級住宅街にある家まで行ってくれ（つまり長距離）という客なのか、おおよそ判断できる」というのです。

同じようなことを、銀座のママさんたちもいっていました。要は、靴を見ればツケ払いを後にしっかり清算してくれる人かどうかだいたいわかるというのです。どんなに上等なスーツを着ていても、靴がぼろぼろの人は、ツケをため込んで最悪の場合払わないで、さようならしてしまうケースが多々あるそうです。

私もそうですが、一生懸命お洒落をしようとしても、スーツにはお金をかけられても、靴まではなかなか予算が回らない可能性がある、というわけです。

ここで再度、逆張り的発想をするならば、靴から上質なものを買っていくのも良い考えです。皆さんもデートをするとき、相手の靴を見るようになるでしょう。いや、読者の方が女性なら、すでにじっと見ているかもしれませんね。

接待が廃れていく時代ならではの接待とは？

私の会社がある赤坂は、かつては多くの高級クラブやスナックがありました。しかし、現在、大人の夜の街としての赤坂は壊滅的な状況です。程度の差こそあれ、同じことが銀座や六本木でも起きています。

今の世の中、接待をすること自体が減りました。大手ゼネコンでさえも一定額以上の経費を接待に使えるのは、ごく少数の役員だけだそうです。課長クラスではせいぜいお客さんと居酒屋へ行く程度の経費しか出ないようです。

私もサラリーマン時代は、銀座に会社があったので、取引先の不動産会社の社長やゼネコン、設計事務所といった取引先から夜8時頃になると毎晩のように電話がかかってきました。毎回応じているととても体がもちません。それでも週に2～3回は高級クラブで接待を受けていましたし、そんな状況は何年か続きました。

私が勤めていた会社はデベロッパーで、施主＝事業主の立場でしたので、どちらかといえば接待を受ける側であり、平社員の私もその恩恵にあずかったわけです。

時代は変わって、現在は接待そのものを行う風潮がなくなり、夜の街も寂しくなりました。これは、不景気が長く続いたために、「どうせ接待をしてもそれに見合う仕事をもらえるわけではない」といった基本的な考えが企業側にあるのだと思います。

また今の若い世代の人たちには、そもそも接待に行くよりは早く家に帰ってゆっくりしたいといった本音もあるのでしょう。

すると、やはりあまのじゃくな私は、周りがほとんどやっていないから逆に今やることに意味があるのでは、といった考えにいたるのです。

とはいえ昔のように、ただ高いだけの銀座の寿司屋で軽く食べて、その後高級クラブに行くといった典型的な接待をするのは、今やナンセンスなのかもしれません。

しかし、**接待的なものがほとんど行われない今だからこそ、思わぬ効果を発揮することがある**と思うのです。

たとえば、私は最近、今までとは異なる接待を実際に行いました。非常にお世話になっているお客さまや取引先を一人ひとり接待したのですが、実際私自身は同行しなかったのです。知り合いが経営するフランス料理店と話をつけ、特別にフルコースのペアチケットを発行してもらいました。

私と相対で飲むよりも、奥さんなどと非日常的な空間でおいしい料理をゆったり楽しんでいただくほうが、お客さまにより喜んでいただけるのではないかと思ったのです。結果的に皆さんにたいへん喜んでいただきました。

これは**相手の方だけでなく、相手のパートナーの方も接待していることになり、二重の接待ともいえます。**

また、お世話になっている方に感謝を伝えるのに、お中元やお歳暮という慣習もあります。しかし、毎度変わらぬ缶ビールを贈るのも悪くはありませんが、正直、相手にとって特別感がないのも事実です。

毎回深く考えも選びもせずにビールを贈る程度の関係なら、贈らなくてもよいのではないかと私は思います。**こちらが「今年もビールでいいか」という思いだけであれば、相手も「またビールか」という思いだけで終わる**のです。

こういった贈答も含めて、儀礼的なものは今はだんだん廃れてきているのが現状です。だからこそ逆に、相手の趣味嗜好をよく考え、一人ひとり、1社1社に対して、いったい何を贈ったらほんとうに喜んでもらえるだろうか、どういった接待をしたら感激してもらえるだろうか、と考えることは、決してムダではありません。

今は、接待にもいろいろあっていいと思います。たとえば石和《いさわ》温泉1泊のゴルフ接待よりも、先方のご家族を誘ってのキャンプ接待などいかがでしょうか？

キャバクラやクラブに行くのもいいですが、事前に相手の趣味嗜好をよく聞いて、ジャズやクラシックの演奏会に誘ったり、ペアチケットを渡すのもいいでしょう。そんなことをわざわざやっている人は限りなく少ないはずです。

だからこそ、逆に接待するのです。

うまくいかないときの乗り越え方

ビジネスは、当然ながら3か月で終わるものではありませんし、1年で終わるものでもありません。いったん始めた以上、5年10年は当たり前で、特殊な事情がない限り、さらに継続してやっていく必要があるわけです。

その長い年月においては、よほどの敏腕経営者だとしても、うまくいくときと、まったくうまくいかないときがバイオリズム曲線のようにあるかと思います。

創業以来何十年にもわたり、ずっと何の問題もなく絶好調といった話は、会社の規模に関係なく、古今東西これまで聞いたことがありません。

建設業界では、よく**「七五三」**という言葉が使われます。これは建設業界の好況と不況のサイクルを表した言葉で、**景気がよいのはせいぜい3年、可もなく不可もなくといった時期が5年、不景気が7年、そのサイクルが繰り返し続いていく**という意味だそうです。

これを長く事業をやっている会社の経営者に話すと、「建設業界だけでなく、うちの業界も同じだよ」とよく返ってきます。

もしかしたら他のビジネスも人生も、同じように「七五三」なのかもしれません。

さて、実際に7年間も不景気が続くかどうかは別として、どうやってもうまくいかないとき、どうやって凌《しの》いでいったらよいのでしょうか。

もちろん自力でこの時期を耐え忍べれば一番いいのですが、私の乏しい経験からしても、残念ながら自分の力だけでは限界があると思います。

そこで、自分の力だけではどうにもこうにもならないとき、お釈迦さまの手ではないですが、さっと**手を差し伸べてくれる友人や知人、取引先が、現実にいるのかどうかが非常に重要**になってきます。

個人的な経験で恐縮ですが、私はそういったときに何度も誰かに助けていただき、ビジネスを継続することができました。

自分がもしものときに助けてくれるかもしれない相手、もしくはそういった関係性にある人が、50人も１００人も存在するわけがありません。せいぜい３人か、どんなに多くても20人程度でしょうか。ですから、そういった人を日頃から大切にすることが重要なのです。

多くの人は、取引先を100社、200社、500社と、どんどん広げていけばいいと考えていると思います。

上場企業や大企業はその必要があるでしょう。しかし、個々のビジネスマンや小さい会社の経営者は、5〜20社の真の取引先、または3〜20人の助けてくれる人を、いかに大切にし、付き合っていくかが重要なのです。

なにせ不景気が7年も続くわけですから、この長い期間を自分たちの能力だけで乗り切っていこうとするのは、相当のうぬぼれ屋か、自分の能力に対してそもそも大きな勘違いをしている人ではないかと思います。

もう一点、「どうやってもうまくいかないときの対処法」として、大切なことがあります。

それは、**「とにかく目の前の仕事は行いながらも、膝を抱えて静かに風向きが変わるのを待つ」**ということです。

優秀な人やエネルギッシュな人は、どん底のときでも何か打開する方法はないかとバタバタと動き回りがちです。

具体的にいえば、何か別の新しいビジネスを始めたり、余計なものに投資をし、起死回生の逆転ホームランを狙ったりします。

しかし絶不調のときは、何をやっても失敗しがちなので、こういったときは逆にムダな資金や力を使うことは避けるべきだと思います。

私の場合、「七五三」の数字どおりではありませんが、やはり「これはにっちもさっちもいかない」というときが短期・中期含めてときどき訪れます。

ちなみに、こういうときには、不思議なもので、自分のところに集まってくる人間や情報も、「どうしてこんなものばかりが集まるのかな」と首をかしげたくなるような時期が続くものです。**自分の周りに集まってくる人やものを見れば、そのときそのときの自分自身の状態を冷静に判断できるのではないか**とさえ思います。

そんなとき、私は（私の生まれ育った多摩ではよく使う言葉ですが）「うどんを食って寝る」ことにしています。つまり、余計なことはしないという意味です。

タクシー運転手に聞いた成績トップの秘訣

「売り七分《しちぶ》」という言葉をご存じでしょうか？

どんなビジネスにおいても、その商品やサービスを売ることが非常に大事であり、商品やサービス本体の重要性は三分しかなく、「売り」＝「営業」が七分、つまり非常に重要であるといった教えです。

要するに、**全体の労力やマンパワーの７割程度を、営業にこそ割くべき**だということです。

どんなにすばらしい商品やサービスを扱っていても、それを売る努力、つまり営業を、いかに力を入れてやるかが、業種に関係なくビジネス自体がうまくいくかどうかの分かれ目なのです。

不動産業界では、営業と同時に情報を仕入れる努力が同じように不可欠です。仕入れのための営業とでもいいましょうか。

この営業と、売るための営業に関して、お話しします。

現在は、ネットが普及し、広告や営業自体もリアルからネットへと大きく移行しています。これは不動産業界でも同じです。

アナログ的に一軒一軒飛び込むような営業手法は、もはや時代遅れなのかもしれません。

しかし、逆張り的発想でいえば、そういったアナログ的かつどろどろとした営業をする人や会社が減れば減るほど、場合によってはそれが大きな効果を生むのではないかと思います。

なぜならば、結局のところ、商品やサービスを買うのは、いつの時代もやはり生身の人間であり、この生身の人間の感情が動くことによってお金が支払われ、ものが動くからです。

かつて私がタクシーの運転手さんから聞いた話をしましょう。

ある日、私は青山ベルコモンズの前でタクシーを拾い、自宅まで帰りました。そのとき、運転手さんとの雑談の中で、「景気はどうですか」と質問をしました。私はよく、景気の良し悪しを判断するときに、定点観測ではないのですが、タクシーの運転手さんにこの質問をするのです。

そのときの運転手さんはこう答えました。

「会社としてはあまりよくないけれども、個人的には悪くないですよ」

「どういうことですか？」とさらに聞いてみると、その運転手さん自身が、所属するタクシー会社の営業所の中で成績トップだというのです。

次の日も違うタクシーに乗ったとき、その運転手さんに同じ質問をしたのですが、その人も、「タクシー会社の景気はよくないけれども、自分はトップの成績なので調子がいい」というのです。

なんと二日連続して、それぞれの会社のトップの成績を収める運転手さんの車に乗ったのです。


「どうやったらトップの成績になれるのですか？　何か特別な方法があるのですか？」

と、私は二日とも同じ質問をしました。

すると、なんと二人の運転手さんの答えがまったく同じものだったのです。

「どこかで客待ちをするのではなく、とにかくぐるぐる動き回ることだね。それを徹底してやることだ」

私たちがよく見かけるタクシーの光景は、ホテルの横や繁華街のタクシー乗り場で長い行列を作って客待ちをしているものだと思います。

行列に並んで自分の順番が来るのをひたすら待っているという方法でも、ある程度はかせげるそうです。しかし、トップの営業成績を収めることはできないといいます。どの時間にどのルートを行くかは、それぞれの運転手さんの技であり、それもちろん重要です。しかし、最も重要なのは「とにかく休まずにぐるぐる回る」ことだというのです。

私も飛び込み営業をサラリーマン時代にさんざんやってきましたが、いろいろ頭の中で考えるよりも、結局は、とにかく歩き回ってまずは飛び込んでみることが成果につながると感じました。

私はこの二人のタクシーの運転手さんがおっしゃったことに、「営業の要諦《ようてい》」があるのではないかと思いました。**ぐるぐる動き回ること――つまり、毎日、いろいろな取引先に足を運び、人と会って話をする**ことです。

皆さんは、保険を売っているのでも車を売っているのでもないのかもしれません。自分はIT企業に勤めているから違う、とおっしゃる方もいるでしょう。

しかしどんなにIT化が進んでも、すべてをネット上で完結させることはむずかしいと思います。実際に保険や車を売っていないまでも、何らかの有益な情報を得ることはビジネスの根幹です。

では、数多くの情報の中でも「第一級の情報」は、どこから来るのでしょうか。

ツイッターやフェイスブックに載っているのでしょうか？

それとも、どこかのサイトに掲載されているのでしょうか？

どうでもいい情報なら、そういったところにも存在するかもしれません。

しかし**第一級の情報は、やはり今も昔も人が運んでくるもの**だと思います。

さて、人が情報を持ってくるといっても、オフィスで何かをネットに書き込んだり、相手にメールでこれこれの情報を求むと書いて送信すれば、貴重な情報を集めることは可能でしょうか。

または電話をして「こういった情報を求めているんだけれども何かないか。誰か知らないか」とお願いして、そういう情報を入手することは可能でしょうか。

私は非常にむずかしいと思います。

第一級の情報を得るためには、やはりこちらから取引先なりを一軒一軒訪ねてお願いしていく以外に、方法はないと思います。

一つだけはっきりしていることは、ネットや電話だけの依頼で、一度も会ったことのない、顔も思い浮かばない人間に、第一級の情報を提供することは、私も、おそらく皆さんもないだろうということです。

電話で依頼されれば「はい、わかりました。そういった情報がありましたらまたこちらからご連絡させていただきます」と、たぶん私もいうでしょうが、**実際に貴重な情報を提供することは100%ない**と思います。

なぜならば、一度も会ったことのない人は、仮にその人が名の通った企業に所属していたとしても、根本的なところでどうも信用できないからです。

やはり**顔を合わせることが重要**なのです。

厳しい時代を生き延びるためにこそ、濃密な人間関係が必要

昨今よく耳に入ってくる意見があります。

それは「どうせ経済は収縮・縮小していくのだから、経済成長に価値を置かずに、別の価値観で生きていこう」というものです。

たとえば、「できるだけ多くの人間とゆるく浅くつながることによってどうにか助けあって生き残っていこう」といった論調です。

私はこれにはどうも、そこまでは賛成できかねるのです。

まず、日本の経済が全体で収縮していくのは事実ですが、個々人が成長をあきらめてしまうのはいかがなものか、ということです。

まずは自分と家族を守るために、少なくとも自分は成長していくという気概も大事かと思います。

スポーツでたとえるとわかりやすいのですが、高校野球でもサッカーでも、他に強い

強豪校があるからと、「どうせ勝てるわけがないのだから、自分たちの練習はこの程度でよい。ゆるくやろう」といった練習をしていたのでは、予選で勝ち上がることはできません。３年間で得られる技術や体験も、本気になって優勝するつもりで練習してきた人たちに比べ、あきらかに劣るはずです。

ビジネスも、スポーツと同じです。

この程度でいい、この程度の小商いでいい、と最初から思っていては、そのビジネスは間違いなくうまくいかないでしょう。

食べていくためのビジネスは、それほど簡単ではありません。

また、ＳＮＳ等でゆるく広く多くの人間とつながることによって最低限のセーフティーネットを得られるといった考え方も、多くの人にはむしろむずかしいのではないでしょうか。

また、**そのような論調のときこそ、逆張り的発想で濃い人間関係を築くべき**だと私は感じます。

突然ですが、皆さんはゆるくだろうが深くだろうが、友人といえる人が何人いるでしょうか？

3人の人もいれば、500人という人もいるかもしれません。

ここでもう一つ質問ですが、あなたが仮にお金に困っているとしましょう。そしてその友人たちに、借金を申し込むとします。その金額は20代の方は10万円、30代の方は50万円、40代以上の方は100万円としましょう。

そのとき、皆さんの考える友人の中で、この借金の申し入れを何だかんだいいながらも引き受けてくれる人は何人いると思いますか？

または、皆さんが今の家に何らかの事情で住めなくなり、友人に「1か月ほど泊めてもらえないか？」と頼んだとして、応じてくれる人が何人いるでしょうか？

多くの人は、いろいろな事情や理由を述べて、借金の申し出も宿泊についての頼みも結局は断ってくるでしょう。

しかし、何人かは、その願いを聞き入れてくれるかもしれません。

私は、これからの時代に必要なのは、ほんとうに困ったときに、こういった願いを聞き入れてくれる友人（ある意味それが真の友人といってもいいかもしれません）が果たして何人いるかだと思います。

ほとんどの人が、こういった真の友人は5人もいないのではないかと思います。私自身、5人いるかどうか正直確信が持てません。逆に、この**真の友人が5人いれば、私はこれからの厳しい世の中でも十分に生きていける**のではないかと思うのです。

これからの厳しい時代を自分の実力や能力、または運だけで生き延びていくのは、私もなかなかむずかしいと感じています。

しかしそんなときでも、まずは生きていくために自らが必死の努力をすることが大事であり、それでもうまくいかないときには、誰かに助けてもらう必要が出てくると思います。

まずは**「必死の自助努力」**と、それでもダメなときに**「助けてくれる誰かが存在するか」**、この2点が重要だと感じます。

現代の世の中は、ＳＮＳが非常に流行り、フェイスブックやツイッター等で気軽に人とつながることができます。

寂しさをまぎらわしたり、冗談をいったりするのには十分ですし、こういったツールも必要なときがあるのかもしれません。しかし、厳しい時代を生き抜くうえでは、ＳＮＳはあくまできっかけだと思います。

また人脈という言葉もいまだによく使われますが、何か交流会で名刺交換をしただけでは、前述したようなほんとうの関係など築くことは非常にむずかしいと思います。

真の友人・真の人脈をどうやって築いていくのか。これは一朝一夕にはいきません。ある程度の長い年月において、密接した関係を築くことです。

わずか数人でいいのです。

真の友人関係を築けるかが、これからの厳しい時代を生き延びていくうえで非常に重要だと思います。

第 5 章

生き残るために直感を磨く

投資にもビジネスにも人生にも生かせる「直感」

私自身は人よりも直感力に優れていると思ったことはないのですが、自分の「直感」に助けられたことが幾度となくあります。

それは、何か良いことを見つけ出すというわけではなく、リスクを回避するために、変な方向へ行って思わぬ災厄に遭わないように、自分の直感というか、心の声に従ってきたというものです。

皆さんも、直感という言葉は今ひとつピンと来ない方でも、「なんとなく嫌な気持ち」や「違和感」といったものを感じたことがあると思います。

私も若い頃は、何も考えずに感情のおもむくままに行動をしていました。しかしそんなときでも、天からの声なのか内からの声なのかはわかりませんが、「そっちの方向には行かないほうがいいんじゃないか」とか「それはやらないほうがいいんじゃないか」といった声を非常にモヤッとしたかたちで感じたことがありました。

私はサラリーマン時代、用地を購入する部署に属していて、ビル用地やマンション用地の情報を日々探し回っていたのですが、あるとき東京・渋谷区の一等地で投資適格と思われる良い案件に出会いました。しかし調べていくうちに何ともいえない「違和感」を覚えるようになりました。詳細は省きますが、結局この土地は反社会的勢力のフロント企業が所有しているものでした。最後は警察に問い合わせてすべての真実がわかり「売主と面談せず」に終わることができました。

これも当初のきっかけは私の直感でした。

これはうまくいった例ですが、基本的に私は単細胞で直情型の性格だったので、そういったものに耳を傾けることなく「エイヤ！」と進んでいき、危惧《きぐ》していた結果となることが何度かありました。

それでも若い頃は、「まあ仕方ないか」と思う程度で、その直感的なものを生活やビジネスに取り入れる気持ちはまったくもって起こりませんでした。

その後、私自身も成長し、経営を通して数々の失敗を重ね、苦い経験を積むことによって、自分の直感による判断が意外にも正しいことが多いと感じてきたのです。

やはり科学だけでは解明できない、人間が生まれ持っている直感（力）というものが存在するようです。その直感力をよく表したものとしては、ギャンブルにおける「ビギナーズラック」です。

これは、それまでに競輪や競馬、ルーレットといった各賭け事をやったことのない初心者が、何も考えずにやった結果、意外と良い結果を生むというものですが、**事前に余計な知識や情報を何も得ることもなく、自分の直感だけを頼りに賭けた結果**ともいえます。


人間関係で考えてみると、たとえば子どもの頃、クラス替えで新しく気が合う友人ができるのは、クラス替えのほんの数日後だったのではないでしょうか。クラス替えの数か月後にはじめて気の合う友人ができたというケースは少ないのではと思います。

これなども、子どもは子どもなりに、出会って一瞬のうちに友だちになれるかどうか判断していたのでしょう。

これも「直感」によるものです。

こういったものは、皆さんが大人になった現在でも、日頃使っている「能力」だと思います。

たとえば恋愛における男女関係においてです。「ああ、この人とはうまくやっていけそうだ」とか「学齢や経歴は申し分ないのだけれど、どうもこの人とはうまくいかない気がする」――これは恋愛やお見合いでの話ですが、このときの判断としてまさに直感に勝るものはないのではないでしょうか？

不動産の取引や何らかの開発プロジェクトでは、弊社1社だけではなく、複数の関係者と組んで行うことが多々あります。

そしてそのプロジェクトが成功するかどうかは、「誰」とそのプロジェクトを組んでやっていくかにかかっています。

私はよく「登場人物」という言葉を使うのですが、そのプロジェクトに携わるメンバーを見て、直感的に「組むべきかどうか」を判断しています。

もしも「登場人物」が悪ければ、成就すれば高い利益が見込めそうなプロジェクトだとしても、私は一切関わりません。

このときの判断材料は、その相手の所属する会社の規模やその方個人の学歴といったバックグラウンドではなく、それらが生み出すかもしれない利益でもありません。その「登場人物」が発する〝何か〟を私の直感が判断して、参画の是非を決めています。

今までの経験から申しますと、なんとなくうまくいかない気がしつつも目先の利益に目がくらんで携わった案件は、やはりトラブル続きで、良い結果となったものはほとんどありませんでした。

投資においても、投資対象の不動産や企業またはプロジェクトにお金を投じる直前に何を一番重視するかというと、**何か「違和感」がないかどうか**です。

これも結局は「直感」です。

もちろん基本的なリスク回避のために、投資対象が企業であれば過去と現在の業績も調べますし、わからないことがあればその分野の第一級といわれる専門家に会いに行き、それ相応のお金をお支払いしてアドバイスを求めますが、それすらも自分にとっては参考程度かもしれません。

最後の最後、自分にとって少なくはないお金を投じるときは、やはり自分の今までの

経験を総動員し、人智の限りを尽くした後の直感によって決めてきました。

誰とプロジェクトを遂行するかといった人を選ぶときの直感に比べれば確度は落ちるのですが、投資行為においては、やはり最後の判断はこれに頼るのも事実です。

少なくとも、**直感的に何か違和感のある投資行為には、良い結果がついてこない**ようです。

「捨て目を利かす」で少ないチャンスをものにする

この直感のより詳しい働かせ方について、少し違った角度から考察していきたいと思います。

以前、東京の西新橋で開かれた古美術展に訪れたとき、奇妙な経験をしました。この古美術展には、全国の上位数%という選ばれし第一級の古美術商ばかりが出展していて、それぞれのブースにはこんなものを売っていいのだろうかと驚いてしまうほどのめずらしい骨董品や古美術品が販売されていました。

各ブースを興味深く見て回っているときに、私はあることに気がつきました。

各ブースに店主または経営者と思われる男性が1人ずつ立っているのですが、その店主と思われる人の目つきが、誰もが異常に鋭いのです。

その鋭さは、たとえるならば任侠団体の親分のようであり、素人の目ではありませんでした。

私は不動産業界に身を置いているので、とくに不動産バブルの時代などは有象無象の不動産会社の社長と会ってきましたが、その中には目つきの鋭い方が多数いらっしゃいました。

しかし、切った張ったをさんざんやってきた不動産会社の社長をはるかに上回る目つきの鋭さは、いったいどこから来るのだろうか？　と展示品よりもそのことが気になって、後々まで記憶に残りました。

その後、縁あって、骨董商の業界の**「捨《す》て目《め》を利《き》かす」**という言葉を知りました。

これは本来「広く目に入るものを心に留めておくこと」という意味ですが、ひと言では詳しく説明できませんので、実例を挙げます。

たとえばある骨董商が、ある未亡人から「亡くなった主人が遺した壺を売りたいので、その鑑定に来てほしい」といわれ、そのお宅に伺ったとしましょう。そのときに、差し出された壺を鑑定し、うんちくを述べ、価格を提示して帰ってくるだけでは、骨董商としてまったく失格なのだそうです。

「捨て目を利かす」とは、その差し出された壺をただ杓子定規に鑑定するのではなく、たとえば玄関にかかっている絵画や、床の間の掛け軸、招かれた家の敷地の広さ、家の建築様式や奥様の着物なども心に留めておくこと。

そして「こういった壺や掛け軸があるのであればもっと高価な骨董があるかもしれない」という可能性を感じ取り、直感を働かせ、別棟の蔵の中の骨董にまで、つまり自分の目の前にあるもの以外にまでも思いをはせることなのです。

私が骨董商の展示会で見た人たちは、おそらく全国の上位わずか数%の店の主なわけですから、まさしく長きにわたり、厳しく捨て目を利かしてきたのでしょう。そうでなければ、あんなに鋭い目つきにはならないのではと思います。

さて、この「捨て目を利かす」習慣や行為は、骨董商以外のさまざまな業種でも十分応用できるのではないかと思います。

たとえば私どもの業界であれば、ある不動産が売りに出て、それを買わないか、もしくは投資しないかといった情報が来たとき、当然ながらその不動産を現地に見に行きます。

しかし**その不動産だけを見て帰ってくるのであれば、捨て目を利かしたことにはなりません。**その不動産の周りがどうなっているのか、たとえば隣りに古い空き家があるかないか、使われていないような資材置き場や駐車場がないかどうかなども見てこなければなりません。

売却対象の土地が仮に小さい土地で、用途があまり広がらない場合でも、隣りの土地とあわせれば立派なマンションが建つ規模の土地に化けることもあるわけです。

業界のプロは、その対象の不動産だけではなく、その隣り、そしてそのまた隣りといった周囲をくまなく見て帰ってくるはずです。

そして、売主と面談したときにも、その不動産の話題に終始するのではなく、その売主の方のバックグラウンドや他に保有している資産の内容を聞き出し、さらに、二の手、三の手のビジネスが広がっていく可能性を探るわけです。

株式投資の世界でも、その投資対象の企業やプロジェクトのことを調べる過程において、さまざまな付随する情報が入ってくるはずです。その付随する情報を深く掘っていくと、偶然思わぬ発見をすることがあります。

その思わぬ発見から、さらに投資対象として興味をそそられる他の投資企業を見つけ出すこともありますし、企業そのものに投資するのではなく、そこが関係している会社や発行している債券に投資するのはどうだろうかと、新たな投資のチャンスを広げられることもあるのです。

われわれは、とかく目の前にあるものにしか注意を払わない傾向にあると思います。熱意を持ってまさに突撃するように業務に取り組めば取り組むほど、視野が狭くなり、目的の対象物しか見えなくなるものです。

しかし**その周りにあるものや、後ろに隠れているもの、さらにはその向こう側に存在するかもしれない何かにまで、思考を広げることが大切**です。

本質的に、ビジネスや投資のチャンスは、年間を通じて何度も巡ってくるわけではありません。

ですから1回1回のチャンスを大切にしないといけないのです。これは骨董商もビジネスマンも投資家も同じだといえるでしょう。

少ないチャンスでより多くの情報や利益を得るためには、「捨て目を利かす」行為が必要ではないかと思います。

直感の磨き方

さてこの直感を、どのように育み、より精度の高いものにしていったらいいのでしょうか。

それには、ひと言でいえば、**多くの体験を積み、そして失敗を重ねること**です。

20歳の大学生の直感と、さまざまな経験と失敗、検証を繰り返してきた60歳の方が持つ直感とでは、（それをビジネスや投資の場面に使う場合においては）大きな差があるのも事実だと思います。

かつてあるお医者さんが、「直感」ではなく、「第六感」という言葉を使ってこんなことをいっていました。

「医療の現場では、さまざまなデータや数値、解析された画像から診断することも大事だが、『経験に基づく第六感』によって患者の病気を診断することが非常に大事である」

この方は、循環器科の医師として高名な先生で、この言葉をお聞きしたときは、すでに定年間近の年齢でした。

お医者さんは、急患を扱うこともあります。そのときに、ＰＥＴだの造影検査だのを行っていては、手遅れになるときもあるでしょう。そこでときには、それまでのさまざまな医療現場での経験を総動員して、その患者さんの状態や顔色、簡単な問診によって、ある程度の診断を下す必要があるのです。先生は「第六感」という言葉を使いましたが、これは私がいう「直感」と同じものだと思います。

医療現場での経験がほとんどない研修医の第六感と、60歳を超えた経験豊富な名医の第六感では、その精度や質に相当な違いがあることは容易に想像できます。

では、そもそも経験とは何でしょうか。もちろん特定の専門分野における経験も重要ですが、一見まったく関係のなさそうな場での経験も、長い目で見れば何かに役立ってくると思います。

ですから、ビジネスや投資行為における体験を積むだけでなく、さまざまな異業種の人々との関わりや、異文化、また自然や芸術との関わりも、影響してくるのではないかと思います。

私は、世の中の森羅万象からヒントを得ることもあれば、自分が住む世界とはまったく異なった世界を描いた小説やノンフィクションを読んで学ぶことも多いです。

仮に、毎日家と会社を電車で往復し、自分の専門分野だけをひたすら極めるような生活を何十年も続けていたとしましょう。しかしこれでは、ほんとうに狭い範囲での直感しか働かず、一般社会のことを広く判断するときに応用が利かないという欠点があります。

何かのジャッジをするときに、つねに0か100か、白か黒かといったジャッジを下せばよいのではなく、その「中間」といった判断であったり、「いや200だ」とか「紫色だ」「黄緑色だ」といった判断が正しいときがあります。そして、そんなキテレツなジャッジが良い結果を生むことは現実世界ではよくあることです。

私自身も0か100かの結論は出さないほうです。それが実際うまくいくことも多くありました。

私は子どもの頃から星（宇宙）を見るのが好きで、星々や惑星を見上げては楽しんでいました。そこで、何事も宇宙の尺度で物事を考えてしまうことがときどきあります。

子どもの頃からあまりにも広大な宇宙と接していると、「やはり科学では解明できないものがまだまだこの世には存在している」と感じるのです。

宇宙を含め万物を想像した「主」がいるかどうかはわかりませんが、もしそういった「何か」が存在するとしたならば、やはりその「何か」が人間に直感なる能力を与えたと感じます。

なぜなら**太古の昔には、レーダーも警報器も大した武器もなかった**わけです。そんな環境でも非力な人間は生き延びて絶滅せず現在にいたっています。では、何によって危機を回避してきたのでしょうか？

われわれはこの与えられた「直感」を、さらに磨き、もっと活用していくべきだと思うのです。

column コラム③

内田裕也氏はエンジェル投資家である！

歌手で俳優の内田裕也さんはご存じでしょうか。

私の友人の母が、裕也さんにハワイでナンパされたという話を聞いたときから、私は彼に興味を持つようになりました。誘い方や、その後の展開がとてもジェントルかつユニークだったのです。当時その母上は、ゆうに60歳を超えていたと思いますし、裕也さんの年齢はその上です。しかもその後、今度は別の友人の母上が、パリで裕也さんにナンパされたと聞きました。

なんてロックなんだ！　と思い、調べてみると、裕也さんはなんと私が生まれる前に芸能界にデビューし、今も現役で活躍されているのです。

さらに驚くことに、ロック歌手としてのヒット曲がありませんでした。それにもかかわらずどうやって50年以上にわたり生き残ってきたのか、私は不思議でなりませんでした（もちろん、監督・出演映画がカンヌ国際映画祭等で高評価されたことはありますが）。

そこで、裕也さんの著書やインタビュー集などをほぼすべて読み研究していくと、裕也さんの面白い逸話がたくさん出てきたのです。

たとえば、あのジョン・レノンとニューヨークで飲み歩いたことがある日本の芸能人は裕也さんだけだと思います。

また、映画『戦場のメリークリスマス』の大島渚監督は撮影前、坂本龍一さんが演じたデヴィット・ボウイに続く準主役のヨノイ大尉の役を、当初は沢田研二さんで考えていたそうです。

大島監督は沢田さんへの出演依頼の仲介を裕也さんに依頼したそうですが、沢田さんは調整がつかず、出演できませんでした。しかし、なぜかしっかり裕也さんはこの映画に出演しています。

実は、沢田さんを見出してデビューさせた功労者は裕也さんなのです。京都のジャズ喫茶で沢田さんが所属するバンドを見て、裕也さんはその場で声をかけ、電車賃を負担し東京に連れてきて、渡辺プロに引き合わせたのです。

このとき裕也さんは、プロダクション側にも、タイガースとしてデビューした他のメンバーにも、もちろんその後大スターになった沢田さんにも何ら見返りは求めませんでした。

裕也さんは純粋に音楽や映画が好きで、「こいつは才能があるな」と思ったら、他にも多くのバンドや歌手、監督、俳優等をまさにアーリーステージで声をかけ、デビューの労を取っています。

実は裕也さんは、大阪の貿易商の家に生まれたお坊ちゃんでした。実際に会ったという人に話を聞くと、皆さん「非常に礼儀正しい方だった」といいます。思春期以降、不良的なロックンローラーになりましたが、育ちがいいため、変な見返りを求めるようなことはしなかったのだと思います。

つまり裕也さんは、「エンジェル投資家」だったといえるのです。それも、俗物的なリターンを求めない投資家です。

もう一つのキーワードは「義理の人」です。

たとえば、裕也さんはお世話になった方が関係する葬儀にはどんなに遠くても必ず行くそうです。

裕也さんの著作の中で郷ひろみさんが、東京から遠く離れた田舎町の葬儀に来て、出棺まで直立不動で残って見送っていたという記述がありました。ほとんどの芸能人はお焼香をしてすぐ帰るのに、郷さんは違ったと書いています。

また、幻冬舎の社長・見城徹さんの著書には、裕也さんに怒られたときのことが綴られていました。見城さんは社長業で忙しく、あるとき、お世話になった方の葬儀に出られず弔電だけを送ったそうです。その折、裕也さんから電話がかかってきて、「何でお前は来ないんだ、どんなに忙しくても、世話になった人間の葬儀には参列しなければダメだろう」と激しく叱咤されたというのです。

この二つが、裕也さんが芸能界で50年間生き残ってきた理由だと私は思います。

一つは多くの人間に見返りを求めないで援助してきたこと。そしてもう一つは、裕也さんが物事の筋をしっかり通してきた「義理の人」だということです。

第 6 章

運と縁をビジネスに生かす

運と出会いは表裏一体

よく「運がいい」とか「運が悪い」などといいますが、「運なんて非科学的で占いじゃあるまいし、そんなものをいちいち意識したことない」という人も多いかと思います。しかし、経営者の中にはこの「運」を相当に意識して仕事をしている人は少なくありません。

パナソニック創業者・松下幸之助さんが、人を採用するときに運が良いかどうか聞いて運が良いと答えた人を採用したという話は有名です。またサントリーホールディングの佐治信忠会長も、人を採用する際には「運の強い人が欲しい」とおっしゃっています。さらには、大和ハウス工業の創業者・石橋信夫さんも自分の後継者として指名した樋口武男現会長に対し、生前「運の良い人と付き合ってくれ」と何度も懇願したそうです。

私も、少年時代から、運というものをいつの間にか意識して生活をするようになっていました。

たとえば、野球の試合でヒットを打ったときなど、その喜びのあまり浮かれていたのもあるでしょうが、その後、必ずといっていいほど自転車ごとドブに落ちたり、交通事故に遭いそうになったりしたものでした。こういったことが毎度毎度起こるので、「なぜ良いことがあると次に必ず悪いことが起きるのか」と、運のめぐりあわせについて不思議に感じていたのです。

その後、「禍福《かふく》はあざなえる縄《なわ》のごとし（幸福と不幸は、より合わせた縄のように交互にやってくる）」という言葉を知り、「自分だけじゃないんだ」と、驚きつつ、深く納得したのでした。

この気持ちは今現在も続いていて、非常に良いことがおきると、「次に何か悪いことが起きなければいいな」と今でも思います。

だからこそ、「運」や「運の巡り合わせ」といったものをどうにか解明できないだろうかと自分なりに意識し、研究してきました。

今現在私がいえることは、**「運を完全にコントロールすることは到底不可能だが、ある程度制御することはどうにかできるかもしれない」**ということです。

そして「運にも大きく分けて二つの運がある」ということです。それは**「自然発生的**

「誰かがもたらしてくれる運」と、もう一つは**「自分の頭の上に天から降ってくる運」**です。

「運」という字は、訓読みをすると「はこぶ」となります。まさに自分以外の他人が運んできてくれるのが「運」なのかもしれません。とくに、こちらの「運」は自分の精進、努力次第でどうにかなるのではないかと思うのです。

これまでの人生や仕事におけるターニングポイントを思い浮かべてみてください。そのターニングポイントには、必ず誰か第三者が関わっていなかったでしょうか？たとえば、友人や先輩からの良きアドバイスによって、自分の進む方向が決定したり、知人の紹介によって新しい仕事やビジネスを始めたりといったようなことです。

結局、人生もビジネスも、人との出会いこそがすべてではと思います。

逆にいえば、自分だけの運などというものは、元来それほどの質量はないのでは？と感じます。

テレビなどで、活躍をされている大女優さんの「自分では女優になるつもりはなかったけれども、伯母が勝手に私の写真を映画会社に送って、それがきっかけで女優の道に入ることになりました」などといった話は、何度となく聞いたことがあると思います。
その女優さんも、そのおせっかいな伯母さんがいなければ「一地方都市の美人で評判の文房具屋のおかみさん」として暮らしていたかもしれません。
たった一つの出会いやきっかけで、このように大きく人生が変わるとするならば、やはり「誰と出会う」かが重要となってくるのです。

私がかつて不動産会社の投資部門で働いていたとき、毎日、数多くの情報が寄せられました。バブルといわれた時期だったので、日本中の怪しい情報が有象無象の不動産業者から日々持ち込まれるのです。平社員だった私は、それらの情報の峻別と精査を行っていました。その中でまともな情報は極めて少なく、まして会社として扱えるような有益な情報は100件に1件より少ないものでした。それでも、上司の部長によくこういわれたものです。

「人を大切にしなさい。どんな情報だって、人が持ってくるんだ。持ってくる人間がいなかったら、われわれは商売にならないんだ」

日々、「有益な情報」とはいいがたい情報ばかり扱っていて、暗澹《あんたん》たる気持ちになることもありましたが、今でも、この上司にいわれたことは真実だと思っています。

もうおわかりのように、**運と出会いは表裏一体**です。

良いことを運んできてくれる良い人と出会う運に恵まれれば、自分の人生やビジネスは良い方向に展開していくでしょう。

しかし逆に、悪いことをわざわざ持ち込む悪い人ばかりが集まってきては、すべてが悪い方向に進んでいってしまうのも事実です。

そうなると次に考えるのは、ではどうやったら良い運に恵まれ、良い出会いにあずかれるのかです。

確実なことは、家の中に閉じこもって「何か良いことが起きないかな」とか「良い出会いがないかな」と夢想していても、何も起こらないということです。

やはり外に出ていく必要があります。

そして、良い出会いを自ら求めて動き回らなければなりません。

さらにいえば、良い出会いが起こり得る場とは、誰もいない砂漠の中ではないということです。人の集まっているところへ出向いていかなければなりません。

また、出会いには、相手がいることも忘れてはいけません。相手がいるということは、相手にも選ぶ権利があるということです。であれば、相手に選ばれるような自分をつくっていくことも必要です。

結局ぐるっと回って、**まずは「自分」をどう磨いていくか**なのです。

私の運の制御法

運をコントロールできたらどんなにいいかと思ったことは何度もあります。

とはいえ、私自身は運を完璧にコントロールできるという手法はまだ見つけられずにいます。しかし、運のバランスを少し調整する方法はあると思います。

ここでは、その「バランスを調整する」可能性についての具体例を、いくつか挙げてみたいと思います。

かつて『11ＰＭ』という深夜の大人向けの人気テレビ番組がありました。その番組の中で毎週末競馬のレースを予想するコーナーがありました。

司会の大橋巨泉さんが、ある回に予想を大きく外し、「競馬の予想は外れていいんだよ。ギャンブルなんかで自分の運を使いたくないからね」といったのです。

司会者がこんなことをいって大丈夫かなと思いましたが、それ以上にこのコメントに非常に興味を持ちました。そのせいか、何十年も前のこのひと言をいまだによく覚えているのです。


これはつまり、**運をどこで使うかが重要**だということです。

「運の総量は限られている」とか、「人生は結局最後の最後にプラスとマイナスがゼロになる」といったことを聞いたことがありませんか。

私自身、まだ人生半ばですので「ほんとうにそうかな」と思うのですが、もし、総量が限定されていて、所詮プラスマイナスゼロであるならば、巨泉さんがいったように、ギャンブルなどの人生の本筋ではないところで運を使ってはもったいないのは確かです。

しかし、カードゲームのジョーカーのようにどこで自分の「運」を使えるかが自由に選択できることができればよいのですが、残念ながらそうはいきません。

一方、たとえば「致命的な悪い運」をどうにか避けるための方法、つまりリスク管理を行うことはできそうです。

普段の生活や仕事で、すべてがあまりにも順調にいくと、少し不安になることはありませんか？　そこで、何かミスが発生したりトラブルが生じると、逆にホッとし、「今後は何もなくうまくいくかもしれない」と気分的にもラクになったことはないでしょうか。

これが、まさに「厄落とし」なのです。

小さいミスや失敗はむしろよいのです。ここで重要なのは、致命的な大きなミスや、すべてが無に帰すようなトラブルを避けるようにする、予防するということです。

実に都合のいい話ですが、小さいミスでも大きいミスでも、ミスはミスなのです。

ですから、実際の日々の暮らしや仕事で、修復不可能な損失が生じないように、リスク管理をしていくことが非常に重要なのです。

もう少し簡単に説明しますと、たとえば人生において非常に良いことが続いて起こったとしても、もし人をはねてしまうような交通事故を起こしてしまったとすれば、非常に厳しい結果をもたらします。

仕事においても、たとえば、ある時点まですべてが順調であったとしても、その仕事自体が破綻し無に帰すようなトラブルだけは、どうしても避けなければなりません。

つまり、**運を制御する一つの方法としては、小さいミスは逆に良しとし、大きいミスはできる限り起こらないようにリスクを想定して、予防策を打つ**ということです。

この避けなければならない重大なリスク（危機）には、地震や津波といった自然災害も入ると思います。一度津波が起きて命を失ってしまったら、もう運の制御どころではありません。私自身、津波に備えて下手なヨットをやめましたし、夢であった「海の近くに住むこと」もあきらめました。

「そんな大げさな」とおっしゃる方もいるでしょうが、この数百年に一度しか起こり得ないと思われている（ブラックスワン的な）リスクに対しても、できる限り備えるべきです。

阪神・淡路大震災や東日本大震災等から、われわれはさまざまなリスク（管理）を学ぶことができると思います。

次に、運が悪いほうに傾いているときは、あざなえる縄のごとくすぐに次の「福」が来てくれたらよいのですが、実際には悪いことが重なることもあります。

ですから、先にも書いたように、最悪の状態のときは、余計なことをせずじっとしているのが一番良いわけです。

私は普段は自分で車を運転しますが、何か大きなトラブルが発生したときには自分では一切運転せず、タクシーを使います。急いでいればなおのことです。

そういったときにこそ、さらに（悪いことが重なり）交通事故などを起こしてしまうように感じるのです。最初のトラブルが発生した時点でどこか上の空になり、心が安定した状態ではありませんので、こういった場合、悪いことが重なる十分な道理があるわけです。

ほんの一例ですが、こういった行動は（リスク管理をしながら）結果的に自らの運を制御していることになるのではないでしょうか。

さて、次に他者の運で自分の運を調整できないかという問題です。

皆さんの周りに、いつも幸せに満ちていて、周りを明るく照らす太陽のような人はいないでしょうか。

そういう人は、元気で明るいだけではなく、本質的に強い運を備えている可能性が高いと感じます。

自分の身近にそういった人がいれば、非常に助かります。

そんな**運の良い人と付き合っていれば、自分の運も良くなりますし、少なくとも自分も影響を受け、明るく元気になっていきます**から。

人間は身近な人の影響を実に受けやすい生き物だと思います。このことは、逆のことを想像するとわかりやすいでしょう。

悪い態度、言葉遣い、習慣を持つ人と長く一緒にいれば、言葉や態度だけでなく、雰囲気を含め徐々に、しかし確実に似てしまうものです。それと同じで、運の悪い人としょっちゅう一緒にいたならば、やはりその影響を受けざるを得ません。

周りが暗くとも、自分自身が修行を積んで、つねに光り輝く太陽のような存在になれれば理想ですが、そう簡単にはいかないものです。

明るい、運の良い人に近づいて運を分けてもらうのは、少し消極的な方法かもしれませんが、自分の運を調整するには有効だと思います。

さて最後に、儒学者のようですが、**「陰徳《いんとく》を積む（人知れずひそかに良い行いをする）」**ということについて少し述べていきます。

私はベテランの経営者の方から「陰徳を積むと運が良くなるよ」とアドバイスを受けることがこれまで何度もありました。

しかし、辞書的な意味、または儒教的な精神論としてはなんとなく理解できるのですが、どうも腹の底でしっくりこないものがありました。

そんな折、滋賀県・彦根に講演の仕事で行った際に、近江商人博物館を見る機会に恵まれました。

驚くことに、近江商人の多くの家の家訓には、「陰徳を積む」ということが代々伝わっていたのです。近江商人の多くは、地元で商売をするのではなく、北は北海道から南は鹿児島まで支店を作り、または各地に移住し店を持ちます。

全国各地において、最初は「よそ者」としてスタートし商売をするわけですから、彼らの代表的な家訓である「三方《さんぽう》よし（買い手よし、売り手よし、世間よし）」でなければそもそも事業が成り立たないのです。

「世間」とは、店を出した土地の世間であり、そこでの「評判」なのです。その土地土地で社会的に貢献していかなければ、「世間よし」とはならないわけです。つまり商売だけでなく慈善行為を含め、社会的な活動もしていく必要があったと思います。

近江商人の社会的活動、つまり「陰徳を積む」とは、当時においては治水工事に資金を出したり、植林をしたり、学校を創立したりと多岐にわたります。

私自身思うのは、とにかく表でも裏（陰）でもいいので、小さい徳を積み続けたらいいのではないか、ということです。すると、世間も運も味方してくれるかもしれません。**徳を積むことによって、周りや世間も含めたすべての力を借りることで、自分の運が良くない方向に反転してしまうのを防いでくれる**と思うのです。

以上のように、どうにかしてこの運なるもののバランスを調整することを試みていくべきです。少なくともその効果はあると思います。

長期で縁をつないでいく意味

2年ほど前に、弊社にとって大型の不動産プロジェクトが成就しました。

特筆すべきことは、数万坪の農地を開発して物流用地に転用し、ファンドに売却する長期プロジェクトだったということです。弊社はコンサルとして関わったのですが、最終的に成就するまで5年以上はかかりました。

もう一つ特筆すべきことは、このプロジェクトの主体となった不動産会社の社長とは、25年来の付き合いだったということです。さらに、この25年もの間（ごく小さな取引は1～2件あったように記憶していますが）、それなりの規模の取引をするのは今回がはじめてだったのです。

そのY社長とお会いしたのは、私がまだ20代の若造だった頃で、いわゆる「飛び込み営業」中に偶然知り合いました。

Y社長は、旧協和銀行から不動産業界に転職したばかりで、肩書は不動産営業部長となっていましたが、「俺は不動産業界に転職してきたばかりだから、不動産のことはよくわからないんだ」とおっしゃったことをよく覚えています。かくいう私も当時はまったくの素人レベルでした。それ以来、ときどきお茶を飲んでは雑談をするだけの付き合い——ときには何年かに一度しかお会いしないときもありましたが——が約25年も続いたのです。

Y社長は青森県の漁村出身で、高校卒業と同時に東京の銀行に集団就職された方です。世代も異なりますし、趣味もまったく共通点はないのですが、やはり少なくともウマが合ったのだと思います。2人の関係はY社長が独立し、その後私が独立した後も、変わらずに続きました。

不動産業界においては、一つのプロジェクトが始まってから成就するまで、数か月から数年といったことは多々あります。また、懇意にしている取引先といえども、毎月取引があることはまずなく、数年に一度仕事をご一緒するといった頻度が普通です。

ですから、25年はちょっと長すぎますが、やはり5年、10年の単位で長く付き合っていく必要性があります。

皆さんの業界でも、取引先と知り合ってから何年か経過して、はじめて仕事が成就したといったことがあるでしょう。

とにかく、細くでいいので、取引先との縁を切らず、長く関わっていくことが重要なのです。

とくに、なんだか**「気が合う」と感じた人や、「長く付き合っていこう」と思えた人、または「尊敬できる」人に出会ったときなどは、それこそ10年20年の単位で付き合っていく**ことです。

私もＹ社長と茶飲み友だちのような関係が25年も続くとも思いませんでしたし、25年経ってはじめて大きい仕事が成就するなど想像すらしていませんでした。

今思えば、私はＹ社長のことがどことなく好きだったのだと感じます。だからこそ、特別な共通点もなく、仕事をご一緒しなくとも関係が続いたのでしょう。

取引している中で、関係が長く続くのは、やはり双方が相手のことを好きだとか、興味があるとか、または尊敬しているといった感情があるからだと思います。

「男と男」「女と女」の仕事上の関係も、結局は恋愛関係と同じで、とどのつまり**「好きか嫌いか」**なのではと思うのです。

逆にいえば、「私はこの人を人間的にはあまり好きではないが、将来、利益をもたらしてくれそうなので、付き合っていこう」と思ったとしても、そういった関係は、結局、長くは続かないものです。

もしも相手が自分よりはるかに年長者であるならば、浅はかな思惑は間違いなく見抜かれてしまっています。「ああ、この人は金のために俺に近づいてきたな」と。

結局、長期にわたって縁を結んでいくことは、幅広く誰とでもできるものではないのかもしれません。

ですから「この人は！」と思った人と縁を持てたならば、その縁を5年、10年、20年といった長期間を前提として、お付き合いしてみてください。

ピンチのときは、意外な方向から手が差し伸べられる

テレビや雑誌などで、あまりにも豪華な自宅や別荘を披露している経営者やタレントさん、スポーツ選手などをお見かけすると、私はその方々に対して少し不安な気持ちに

なってきます。

誰もがうらやむような絶頂期がそれほど長く続かないことは世の趨勢《すうせい》であり、盛者必衰《じょうしゃひっすい》の理《ことわり》だからです。

それでも人生やビジネスにおいて絶好調なときは、何もかもうまくいくもので、人の助けを求めるときが来ようとは誰も思いもしません。

ビジネスや投資の世界であれば、「自分には才能があるのかもしれない。これまでそれなりの努力をしてきたからこの結果は当然」といった思いが湧いてきます。

しかしこのうぬぼれとも自信過剰ともつかぬ状態が、いつの間にか風向きが変わり、さらには１８０度逆転し、何をやってもうまくいかない、といった状況になることはめずらしくありません。

長く生きていれば、そういった大きな振幅は一度や二度ではないはずです。

どん底のときは、自信家の人でなくとも、自力でどうにかしたいと思うものです。

そこでいろいろな方策を試したりするのですが、そういうときはだいたい何をやっても裏目に出て、より傷が深くなってしまうことが多々あります。

私自身感じることは、繰り返しになりますが、やはり**人間1人が持っている能力や運などは大したことがない**、ということです。

大したことがないからこそ、自分だけの力ではどうにもならないならば、そのどん底のとき、誰かが何らかの「手」を差し伸べてくれるかどうか――結局はここではないかと思うのです。

どの世界でも「長く生き残っている人」は、そのつど声をかけ、手を差し伸べてくれる誰かが存在した結果なのだと思います。

逆の言い方をすれば、ほんとうに困ったときには他人の力にすがってよいのだと思います。堂々と、「ヘルプミー！」と叫んだらよいのです。

その**「ヘルプミー！」と叫んだときに、1人でいいから助けてくれる人がいるかどうか。そこなのです。**10人も20人も30人も必要ないのです。

もう一点申し上げますと、**危機的な状況に陥ったときに手を差し伸べてくれるのは意外な人物だったりするものです。つまり、必ずしも一番の親友や一番の取引先から手が差し伸べられるわけではない**ということです。

もしかしたら一番などというのは、こちらの思い込みなのかもしれません。

そうなってくると、私たちは自分に関係してくれている一人ひとりを、普段から大切にしていかなければならないことになります。

普段から敵を作らず、誰にでも公平に丁寧に接することは大人としての礼儀でもありマナーでもありますが、**結局は自分のため**なのだと思います。

その逆は、考えるのも恐ろしいですが、つねに周りに威圧的に接し、言葉でも相手を傷つける、唯我独尊の人です。

仮に国の元首であれば、革命が起きたとき民衆により真っ先に縛り首になるような人が、苦境でどん底に陥ったとき、果たして誰かが手を貸してくれるでしょうか。

第 7 章

少しやっかいなお金の話

「地獄の沙汰も金次第」はほんとうなのか

会社を20年以上もやっていると、これまで持続できた幸運に感謝することもあるのですが、あのときあのお金があればあの事業に参加できたのに……といった苦く悔しい経験も少なからずありました。

私は、投資行為も同時並行で業として行ってきましたので、たとえばあと数千万円あれば、あの不動産を買えたのにという後悔もこれまた数限りなくあります。

ビジネスはすべてがお金次第というわけではありませんが、やはりある面、お金＝力の面があるのは否めません。

私の知人が経営する現在一部上場企業の不動産会社も、リーマンショックのときには大変な経営危機に陥り、経営者も破綻を覚悟したそうです。金庫の中にわずか50万円しかなく（弁護士費用がないため）会社更生法適用の申請すらできなかった時期があったと聞きました。これなどまさに危機一髪の状態です。

フランスの哲学者、ジャン・ポール・サルトルは「貨幣は私の力をあらわす」といった言葉を残していますが、弱肉強食の**ビジネスの世界においては、いろいろな場面でマネーがものをいうのは避けられない事実**です。

最近、個人的によりリアルに、お金の重要さや必要性を強く感じる出来事がありました。

私の親が認知症を患ったため、数年の介護の後、いわゆる介護付き老人ホームに入る必要に迫られたのです。

数年前から金銭の管理がまったくできなくなってしまった親の代わりに、すべての普通預金、定期預金、保険、共済年金、厚生年金等一つひとつを洗い出していったのです。結果、親の貯金がいくらあり、２か月に一度支払われる年金がいくらで、その他、２、３の保険商品からの年金的収入が毎年いくらあるのかがわかりました。

その貯金の金額と支払われる年金の額によって、入居できる介護付き老人ホームのグレードがおのずと決まってきます。もう予算ありきで選択の余地がないのです。

老人ホームを選択するにあたり、いわゆる公的な特別養護老人ホームは、東京近郊ではつねに満室状態であり、入居待ちが２００名以上いるといった状況にあることも知りました。

そうなると、当然選択肢としては、民間が経営している有料老人ホームに入居となるのですが、こういった施設の入居等の費用はまずは立地に大きく左右されます。つまり東京から遠く離れた地方であれば、まだ比較的安価な金額で入れる施設があるのですが、東京近郊だと、それ相応の費用が必要になってきます。

23区内では、最初に支払う前払い家賃的な一時金が2000万円を超えるところもありますし（それほどの一等地でもありません）、毎月の費用も25万円をゆうに超えるところもあります。

私の友人に、こういった親の老人ホームの選択と入居をすでに経験済みの者がおり、彼がこんなアドバイスをしてくれました。

「長谷川、まさに地獄の沙汰も金次第だよ。親が入居している老人ホームに訪ねていったとき、お前が、ああこんな施設に自分の親を入れてほんとうに申し訳ないと悲しくなるか、それともこれなら親も幸せかもしれないと思えるかは、やっぱりいくら払えるかだよ。つまり、金次第だぜ」

若いときは、お金がなくてもどうにか寝るところがあれば、そして、夢や希望があれば幸せな日々を送ることができると思います。

しかし、歳をとって老人になり、誰かに面倒を見てもらわなければならなくなったり、もしくは病気や認知症等によって要介護となり、そういった施設に入居しなければならなくなったときに、**「最後にものをいうのは良くも悪くもお金なのか」**ということを感じました。

長期にわたってコツコツと堅実に働いてきた人と、そうしてこなかった人の場合を考えたとき、老後においてあまりにも大きな環境の差が出てくる現実を見て、自営業である私は、半ばおののき、半ば今まで以上に身を引き締めないといけないと感じました。

ほんとうはあまりこういったことは書きたくないのですが、生まれてはじめて「ああこれが、地獄の沙汰も金次第ということなのか」と正直感じたのです。

なんだか少し暗い話になってしまって申し訳ないのですが、お金がほんとうに力を発揮するのは、このように老後や病気になったときや何かに困窮したときであるのは事実だと思います。

ビジネスも同じです。

経営が傾き、瀕死の状態、存続の危機に陥ったとき、そのときこそ、「結局お前はあといくらあるのか?」と、残酷なほど問われるのです。

結局のところ**「お金」というものは誰もが避けて通れません。**

ですからこの章では、この少しやっかいなお金の話をしてみたいと思います。

成功ともうけは他人に語ってもらう

まず感じるのは、お金のことを語ることはむずかしいということ。そしてなかなか品良くは語れないということです。

ビジネスの現場でむずかしいのは、「うちはもうかっていない」とか「じり貧だ」などといったり、またはそれが噂になった場合には、情報も人も集まらなくなることです。

とくに私の所属する不動産業界はその傾向が強いかもしれません。

しかしながら、世間一般では、あまり「もうかっている」とか「純資産がいくらある」などを公表しても良いことはあまりないようです。

以前、ある不動産系ベンチャー企業の忘年会に出席したときのことです。その企業は以前、私が顧問をしていたことがあり呼んでいただいたのです。

その会で、社員の1人が挨拶に立とうとすると、周りから、「金持ち、金持ち、金持ち」という掛け声が急にあがったのです。すると、マイクの前に立ったその若い男性は、「金持ちの○○です」と冗談で自己紹介しスピーチを始めました。非常に端正な顔立ちの清潔感のある男性でした。

しかし、彼を知らない私は、「金持ちの○○です」と彼がいった瞬間に、何か非常に違和感を覚えたのです。どうやら彼の家は相当な資産家だったために、その噂が社内に広がってしまい、「金持ち」という変なキャッチフレーズがついてしまったようです。

後々まで、その違和感を自分でいろいろ考えてみたのですが、たとえば、「私はゴルフがシングルなのです」と自慢しても、他人は嫌なイメージは持たないと思います。「私は前回のフルマラソンで3時間半を切って走ることができました」と皆の前で発表しても、「それはすごいね」で終わる話だと思います。

しかし「金がある」という人に対して、何ともいえない違和感を抱いてしまうのは私だけではないでしょう。

清潔感漂う若者でも「金がある」と一言口にするだけで、周囲に違和感をもたらすのはなぜでしょうか？　やはり、ほとんどの人が元来「持たざる者」であるゆえに、自然とどこか「妬む」心が生じてしまうのでしょうか。

妬みと聞いて思い出すのが、リクルート事件です。私が以前勤めていた会社の創業者である故江副浩正さんが起こした贈収賄事件がリクルート事件なのですが、これと非常によく背景が似ていると感じたのが、ホリエモンこと堀江貴文さんが逮捕されたライブドア事件。また、村上ファンドを率いた村上世彰さんが逮捕された事件。さらには日本振興銀行の創業者であった木村剛さんが逮捕された事件です。

これはあくまでも個人的な見解なのですが、これらの事件にはある種の共通点があるように感じるのです。それは、結果的には出る杭が打たれたということですが、そもそもの発端はどこから来たのかといえば、「男の嫉妬」ではと思うのです。

老練な経営者たちは、**「男の嫉妬や妬みほど怖いものはない」**とよくいいます。ですので、彼らは、いくら成功してもお金持ちになっても、なるべく目立たないようにしているわけです。

それはある意味、経営者としての、または商人としての知恵なのだと思います。

先の江副さん以下の方々は、ある時期、社会的かつ経済的に大いに目立つ成功者となり、時代の寵児《ちょうじ》としてもてはやされました。そして、彼らを「妬む者」が同時に現れたのはいうまでもありません。それは一般の人ではなく、古くからの財界の人間であったり、マスコミの重鎮であったり、また政治家や官僚、検察の幹部などで、すでに**権力を持っていたがゆえに、なおさら強く妬んだ**のではないかと思うのです。

その結果、次の段階として、彼らは彼ら自身が持つ力を駆使して、引きずり降ろす行動に出たように私は感じます。

もちろんこれは私の推論ですので、事実とは違っているかもしれません。

しかし私は、先ほどの名前を挙げた方のうち数人をそばで見ていて、事件の始まりや展開、そして結末を見たとき、気分が悪くなるほど類似点があると感じるのです。

お金とは非常に大切なもので、大きな力を持つことがあるのですが、この項で覚えておいていただきたいことは、やはりこの**日本では、お金があるとか、成功したということは、あまり口にしないほうがいい**ということです。先に書いたようにこの国では少なくとも老練な商人や経営者は、いくらお金を貯め込んでいてもそのことを口にしない、ということです。

だから、そんな偏狭かつ不自由な世界を嫌う成功者は海を渡ってシンガポールや香港といった海外へ行ってしまうのでしょうか。誠に残念なことです。

しかしむずかしいのは、やはりもうかっているところや繁盛しているところに人も情報も集まるという事実です。

ではどうしたらよいのでしょうか？

私が考える一つの結論は、**「自らは語らず、他人に語ってもらう」**というものです。

ある意味口コミといえるでしょうか。「あいつは今すごくもうかっているらしいよ」とか「あいつの会社、今期は数億稼いだらしいぞ」と他人がいうのは、自慢するのと比べて天と地ほど印象も効果も異なるのです。

お金の使い方に品格が出る

ビジネスの現場で出会った人のお金の使い方を見たときに、何やらその人の「本質的なもの」を見てしまったように感じることがあります。

お金の使い方がスマートな人は、ビジネスにおいてもスマートであることが多いように思います。

また恐ろしいことですが、お金の扱い方でその人の品格のようなものがわかってしまうこともあります。

それゆえ、人によっては**お金を稼ぐことよりも「お金を使うことのほうがむずかしい」**とおっしゃる方も多いです。

仮にお金があったとしても、日々他人の前で湯水のごとくお金を使っていては、尊敬されないどころか、「あの人大丈夫？」と思われてしまいます。

逆に、まったくお金を使わなければ、「あの人はけちだ」となり、ビジネスにおいても普段の付き合いにおいても、あまり良い結果は生まないでしょう。

お金を他人に貸したり、おごったりという一点を見ても、これを自然なかたちで嫌味なくかつ美しく行うのは、なかなかむずかしいことです。

よく居酒屋のレジの前で中年のおじさんたちが「今日は俺が払うよ」「いやいや、今日は俺が払う！」「今日は俺が払う番だよ！」などといって、誰が支払うか争っている光景を目にします。まあ微笑ましいともいえますが、美しくはない光景かもしれません。

ほんとうに自分が皆の分も払うつもりであるならば、宴会中に1人トイレに立って、さらっと支払いを済ますといいのです。

私がまだ学生の頃、このように人知れず皆の分を支払ってしまう友人の母上を見て、なるほどこうやってお金を払うのか、なんとも自然体で美しいなと思ったものです。実際に洗練された雰囲気の素敵な母上でした。

ビジネス上の接待の場においても、おごり方一つとっても、**相手に心の負担をかけずにさらっと美しく払ってしまう人と、いらぬ押し問答の末に払う人とでは、周りの印象は異なる**のではないかと思います。

また、知り合いや取引先で困っている人がいた場合、いくらか包んでお渡しするのも、非常にむずかしいことです。一般人がやるとなんとも恩着せがましくなるか、または無粋になってしまうかでしょう。

相手が負担に思わず、かつ嫌味なく、いくらかのお金を渡すにはどうしたらよいでしょうか。私自身、なかなか良い知恵が浮かびませんでした。

あるとき、作家の吉行淳之介さんとの思い出を、かつての担当編集者が書いたエッセイ（相庭泰志構成『吉行淳之介をめぐる17の物語』ＫＫベストセラーズ）を読みました。編集者がまだ若い頃、吉行さんから何か用事があって電話がかかってきた折に、つい自分の子どもが大けがをしたことをちらっと話してしまったところ、すぐに吉行さんから速達が届きました。その中に「陣中見舞い」と書かれた封筒があり、中を開けると相当な大金が入っていて大いに驚いたのだそうです。編集者がすぐに吉行さんのところに伺って、そのお金を返却しようとすると、吉行さんは「実は自分はかつて、ある出版社との間で揉め事を起こしたことがあり、そこの文芸誌等に小説を掲載してもらえなくなったことがあるんだ。そうしたら、舟橋聖一さんから〝陣中見舞い〟といってすぐにお金が届いたんだ。それがありがたく、なおかつかっこいいな、いつか自分も同じことをしてみたいな、と思って。だからどうか返すなんていわないで、受け取ってほしい」といったことをおっしゃったそうです。

私はこれを読んだときに、「あ、これだな」と思いました。

そもそも「陣中見舞い」って何なんだ？　というところから始まって、はっきり相手もわからないままなんとなくそれでも気持ちだけはじゅうぶんに伝わり、受け取りやす

いのではないかと直感的に思ったのです。

それ以来、私も何度かこれをそのまま真似て、同じようなことをしたのですが、いずれも相手の方には気持ちよく受け取っていただきました。

次に、お金を友人や知人に貸すことについて少し触れたいと思います。

よく「友人にはお金を貸してはいけない、お金を貸すと友人関係が崩れてしまうから」といわれますが、私は正直、それは事実だろうかと思っていました。

つまり貸すほうがその貸したことさえ忘れてしまえば、とくに問題ないのではないかと思っていたのです。しかし、この言葉のほんとうの意味は、貸すほうの人間の気持ちの問題ではなくて、借りたほうの人間の気持ちのことだったのです。

友人からまとまったお金を借りてしまい、そのお金を返せなくなった場合は、借りたほうから申し訳ないとか合わす顔がないといった理由で、関係を断ってしまうのです。これはまことに残念なことです。

結局のところ、友人から借金を依頼された場合どうしたらいいのかといえば、一つの教科書的な答えとしては、先方が必要としている金額の10分の1以下かもしれませんが、見舞金として、5万円でも10万円でも包んで、「これは返さなくていいお金だから」と渡すのがよいと思います。

もしくは、先方がほんとうにやむにやまれぬ事情を抱えていて、かつ、そのとき自分にそのお金を貸しうる体力があるとしたらどうでしょう。たとえ友人関係がそのお金によって壊れてしまったとしても、友人がそれにより一時的にでも救われるのであれば、ほんとうに必要な額を渡してしまうのも、「選択」だと感じます。

この辺りはそれぞれの関係性や価値観によって考えが異なると思いますので、何が正解かといったことまで私には申し上げられません。

一つだけ言えることは、**お金の貸し借りには、貸すほうも借りるほうも、大きなものを失ってしまう可能性がある**ことです。

不動産もお金も、棺桶には入れられない

最近、私自身結婚式よりも葬式に行く機会が圧倒的に増えてきました。

自分も歳を取ったのだなと感じると同時に、以前とは異なる思いが浮かぶようになりました。

一つの絶対的な事実としてあるのは、**「不動産もお金も棺桶に入れてあの世には持っていけない」**ということです。

私は不動産の仕事を通じて、遺産相続で5年、10年と長期にわたり争っているごきょうだいを何度となく見てきました。

相続においてきょうだい間で争いが起きてしまうと、残念ながら、そのきょうだい間の関係も崩れてしまいます。

私自身はきょうだいがおりませんので、「もう何年も兄とは口を利いていない」とか、「妹とはもう何年も会っていない」といった話を聞くたびに、「せっかく血のつながったきょうだいなのにもったいない」と思うのです。

相続争いが生じているのは確かにそれなりの金額ではありますが、数百万円から数千万円のことです。そして遺産を相続された方も結構な年齢なのです。

正直この金額で、子どもの頃は仲が良かったであろうきょうだいが関係を断ってしまうことには、どうも解せないものを感じます。

前述したウォーレン・バフェット氏は、彼が持っている全資産の約85％を自分が亡くなったときにビル・ゲイツ夫妻が運営する慈善基金団体等に寄付することを表明しています。

バフェット氏には子どもが３人いますが、子どもたちが手にする遺産は、彼の持つ全財産の評価からすればごくわずかです。バフェット氏は、あまりに莫大な遺産を子どもたちが相続することは、彼らにとって良い結果を生まないと語っています。すでに80歳を超えた同氏の資産は９兆円以上（２０１８年現在８４０億ドル）といわれています。

この判断がすばらしいとか、皆が見習うべきだなどというつもりはありません。

ただし最初に申し上げたように、余りある資産を持っていたとしても棺桶に入れてあの世には持っていけない事実を、どうとらえるかが重要だと思います。

今は投資ブームのようですし、資産が1億、2億ある個人投資家も多く存在していま す。しかし、お金もうけや投資ばかりに執着しすぎてしまって、預金残高だけを見て暮らす生活は、いかにも残念な感じがします。

お子さんがいらっしゃる方は、お子さんたちにより多くのお金を遺そうといったことが目標になるのかもしれませんが、先ほどの遺産相続争いの話や、バフェット氏の話でもあったように、(勤労意欲を削ぐほどに)多くの遺産を残すことが良い結果を生むとは必ずしもいえないようです。

私は不動産の仕事を通じて、勤労意欲をなくしてしまい、毎日昼まで寝ているような方(資産家ではありますが)に何人もお会いしたことがあります。

遺産を相続する前の職業は、薬剤師であったり、学校の先生であったり、役所の職員であったり、銀行員であったりとさまざまなのですが、遺産を相続した後は、本質的には無職となってしまっています。趣味人として幸せそうかといえばそうでもなく、それほど趣味を楽しんでいるわけでもないのです。

お金とは、ある一定の金額までは、お金が増えるにしたがって幸福度も増してくるが、その一定金額を超えてお金が増えていっても、幸福度はもう増していかないといった有名な心理学の研究結果があります。

先ほど老後の話をしましたが、ある一定の金額や年金を含めたキャッシュフローがあれば、それ以上にいくら必要かといえば、普通に生活していくうえでは必要ないのです。

ここで、私なりの究極のお金の使途として、果たして何を一番優先すべきなのか？といったことを、少し考えてみたいと思います。

乏しい私の経験から、最近感じたことがあるので少し触れさせてください。

１９７０年代から１９８０年代は洋楽全盛の時代で、私は、すでに解散していましたがビートルズを好きになり、中学時代の3年間ほぼ毎日のように聴いていました。どの曲もすばらしかったのですが、その頃一つだけ違和感を覚える曲がありました。それは、『All You Need Is Love』、邦題は『愛こそはすべて』という曲でした。実にうまい訳だと思います。

しかし、この『愛こそはすべて』は彼らの後期のアルバムに入っていて、子どもだった私は、社会問題を題材にした曲が続々出てきた時代に、いい大人が「愛こそはすべて」じゃないだろう、などと思ったものです。

それから数十年が経ち、私なりにいろいろな経験を積んだ後に（恥ずかしながら）、最近やっとわかってきたことがあります。

それは**「どうやらお金や物質、資産といったものよりも、あきらかに『愛』は上位に位置する**のかもしれない」ということなのです。

たとえば私は、これまで不動産に関しての本を何冊か書いてきました。その中で、『家を買いたくなったら』（WAVE出版）という本は、10年以上にわたって大変よく売れました。この本の中でも、たとえば「家族のためにとはいえ、必ずしも家を持つ必要はないのではないか。賃貸でじゅうぶんなのでは？」とか「長期の住宅ローンといった大きなリスクを抱えてまで家を買う必要はないのではないか」といったことを書いています。

しかし、もしも自分の愛する人や家族が、本質的に「家」というものを必要としているならば、家を買うために自分の全資産の１００％近くを費やしてしまったとしても、愛を優先したということで、これはこれですばらしい「選択」なのではないかと思うようになりました。

預金通帳の残高が億を超えても、とくに何かが快適になるわけではありませんし、心地よい風がどこかから吹いてくるわけではありません。

お金とは、生きていくために必要なものですから貯金すべきですし（この本でもそう書きました）、一方で、すでに述べているように、厳しい時代を生き残っていくためにリスクを冒して投資することも時と場合によって重要なことです。

そのお金を何にどう使うかは、それぞれの人が生きてきた人生や今置かれている環境や事情によりけりです。

しかし、お金は大切なものに使うべきでしょう。そして、人生の大切なものにあえて順位付けをするのであれば、究極のところ、**お金が最上位にランクされることはない**のではないでしょうか。

さらには、「時間」とか「健康」といったものが、「お金」よりも下位に来ることもないでしょう。

先にも述べたように、お金も不動産も棺桶には入りません。

であれば、やはり、大切なものの最上位にランクされるのはビートルズが歌ったように「Ｌｏｖｅ」であると、今、感じるのです。

第 8 章

長い旅 ～人生の波を越えていくために

勝つためには「見」をすべし

私はこれまで、ギャンブルなるものをやってきませんでした。

その理由は、会社を辞めて起業したことこそギャンブルなので、これ以上ギャンブル的な行いをするのはいかがなものかという思いがあったからです。もう一点、子どもの頃、自分が賭け事にあまりにも熱中するタイプであったため、このままでは将来（賭け事で）破滅をするかもしれないとおぼろげながら恐れていたせいもあります。

つまりは、本来はギャンブル的なものが好きで、おそらくその延長線で現在の投資行為も行っているきらいがあります。

もちろんギャンブルと投資は違うといいたいのですが、実際には、ところどころ似ています。

ギャンブルの世界での日本における大家は、『麻雀放浪記』（角川文庫）などを書かれた作家の阿佐田哲也（色川武大）さんですが、彼のエッセイを読んで、ハッとしたことがありました。

阿佐田さんは、ご本人も元プロのギャンブラーだったようなのですが、その著書の中で、**プロのギャンブラーが賭け事に勝つための唯一の方法として、「見《けん》」が重要である**と書いています。

この「見」とは何かというと、たとえばプロのギャンブラーがカジノでルーレットに参加するとします。そこで最初は様子見のため、１ドルのチップをひたすら賭けていくのです。つまり、大勝負はせず様子を見ることを「見」というのだそうです。何の様子を見るのかというと、自分の「運」の状況、簡単にいえば「自分がついているかどうか」を見ていくそうです。

１ドルを置き続け、自分の運が上がっていかなければ、一晩中１ドルのチップによる賭けを続けるなり、または退席するといった判断をするそうです。

しかし、あるとき、自分の運が上昇し、勝ち始めてきたら、おもむろに１ドルのチップから１００ドルのチップに持ち替えて、これを投じていき、大きい勝負に出るというのです。

プロのギャンブラーの必勝法とは、何か特別な確率をつねに頭の中で計算でもすることかと思っていたのですが、そんなものは存在せず、要は自分の運がどういう状態にあるかを、まずは「見」をして判断することが重要だというのです。

そして、自分が勝てる「流れ」になったときに大金を賭けるようです。

この**「運の流れ」といったものを慎重に意識して生きていくことも、長い人生で起こる数々の波を越えていくために大きな助けになる**と思います。

実は投資の世界でも、これと似たようなことを語っている大投資家がいます。何度か述べているウォーレン・バフェット氏です。バフェット氏は、「待つ」ことの重要性をこれまで何度となく語っています。

「多くの投資家が投資で失敗してしまう理由は、野球にたとえると、バッターが打席に立ったときに、安直に悪球に手を出してしまうのが原因です。投資に失敗しないためには、打席に立ったときに、自分にとって絶好球が来るまで待ち続けたらよいのです。それまでバットを振らないことです」

バフェット氏は運のことを語っているわけではありませんが、やはり投資をしようとした場合、何でもかんでもすぐに投資をするのではなくて、ひたすら自分の打ちやすい球が来るまで、待てといっているのです。

しかし、ギャンブルだろうが投資だろうが、この「待つ」行為は、なかなかむずかしいものです。

仮に皆さんがマカオで「今晩はカジノでもうけるぞ！」と1万香港ドル（約14万円）を握りしめてカジノに向かったとしましょう。どんなギャンブルでもよいのですが、まずはちょろちょろと賭けて何時間もの間様子を見るなどということが、果たしてできるでしょうか。

株式投資も不動産投資も同じです。いざ投資しようと思い立って資金を用意しても、良い投資対象をじっくりと時間をかけて探し、投資適格だと思われる対象に出会うまでしばらく待つことができる人はほとんどいません。

ひどいケースでは、とにかく何でもいいからすぐに買ってしまおうとなります。

ギャンブルも投資も、要はもうけたいという「欲」からスタートしていますので、この欲望を制御し、しばらく様子を見るなどということは、なかなかむずかしいことです。

しかし、このような早急な投資や、期限を決めて行う投資は悪い結果になりがちです。

ギャンブルでも投資でも、様子を見ることから始めることが、勝つためには必要不可欠なのです。

ビジネスにおいても、「待つ」ことが重要な局面があります。

「急《せ》いてはことを仕損じる」ということわざもあるように、ビジネス上の相手との交渉を、ときには時間をかけてじっくり行うことが非常に重要になります。

また、何か新しいプロジェクトを立ち上げるときに、軽率にパートナーを決めるのではなく、適任と思われる相手が現れるまで待つことが賢明であることが多いと思います。企業買収の現場などでも急いで割高な価格で相手企業を買収し、結局大きな損失を出してしまうケースも山のようにあります。

現代は、ＩＴ時代でもあり、とにかく何事もスピード重視になってきていると思います。また、すぐに結果を求められる風潮があります。

しかしそういった時代だからこそ、**あえてすぐ実行せずに、少し待って様子を見ることが、ビジネスの場面場面においては極めて有効かつ最良の判断**となりえます。

ビジネスだけではありません。われわれが普段暮らしていく中で、やはりつねに一拍おいて考えてみるといった行為は、実に賢明な対応であるわけです。

倒れてしまっても小型拳銃を撃ち続ける

これまで人生やビジネスには、「良いことがあったり悪いことがあったりするもの」といった話をしてきました。

ここでは、この上下の振幅をできるだけ小さいものにするには、もしくは下降曲線があまり深くならないようにするにはどうしたらよいかを考えていきます。

結論は、**もう疲れてしまって横になるしかない状態に陥ったとしても、小型拳銃でも水鉄砲でも何でもよいからとにかく「撃ち続ける」こと**です。

それは、小さなことでも実際に効果があるかわからないことでも、「とにかく何かをやり続ける」という意味です。

最悪期は、いずれ風向きが変わり、終わります。そのときのために小さい種子を蒔《ま》いておくと、後の復活や反撃の重要な契機となるはずです。

その誰でも、いつでもできる私なりの種子の蒔き方をこれからお伝えします。

さて、仕事や人生で、疲れ果ててしまったときには、まずはとにかく休むべきだと私は思います。堂々と休暇を取って、朝から晩まで横になっていたらいいのです。

経済学者マルクスも、「人間は機械ではない。機械なら油を差せば回り続けることができるが、人間は回り続ければ何時か疲労し破損するのだ」といっていました。

ただし、休んで少し回復して、もし手だけでも動かせる状態ならば、たとえば手紙なら書けるはずです。自分が親密にしている人々に対して、何か伝えるのです。

デール・カーネギー氏が書いた『道は開ける』(創元社)という本があります。全世界でベストセラーになった古典的な自己啓発本の一つですが、その中でカーネギー氏は、精神的にもまいってしまって八方ふさがりになってしまったときの脱出法として、こんなことを書いています。

「自分の周りの知り合いや友人のことを思い浮かべて、自分がその一人ひとりに何かできることはないか？　ということを考え、ささやかなことでいいので自分ができることを実行してみるとよい」

実体験がないと、「ほんとうかな？」と感じるかもしれません。「そんなことをしても状況を打開できるのか」と思う方も多いでしょう。

しかし、実際にこういった状況に陥った方なら、これが非常に有効であること実感できると思います。

わかりやすい例を挙げると、震災等が起きたときなどに、ボランティアに行った人が、笑顔で「逆に元気をもらって帰ってきました！」などといっているのを聞いたことがあるでしょう。

本来であれば肉体的にも精神的にも疲れているはずなのに、自分の行動が他人から感謝されることによって、逆に自分自身が元気をもらうことができるのです。

これがまさにそうなのです。精神的にも疲れてしまったときには、本質的には何もする気が起きないと思います。でも、少し回復してきたり、多少の余力があるのなら、試しにカーネギー氏がいうように、皆さんの知り合いや友人を思い浮かべて、その人たちに対して自分が何か与えられるものはないか、何をしてあげたら喜んでくれるかを想像し、できる範囲でそれを実行するのです。

当然できることは限定されますが、私がよくやるのは、私が読んでおもしろいと思ったり感動した本の中から、一人ひとりの顔を思い浮かべ「この人はこの本を読んだら楽しめるんじゃないかな」とか「あの人は真面目だからこんな本がいいかな」などと考えながらセレクトし、短い手紙を添えて相手に送ることです。

もちろんその本を読んで、相手が喜んでくれたり、おもしろいと思ってくれるかはわかりません。自己満足かもしれません。しかし、知人から本を贈られて「迷惑だ」と思う人はいないはずです。大して高価なプレゼントでもないわけですから、相手が負担に思うこともないでしょう。

また、とくに何か本などを入れなくても、手紙だけでもいいと思います。東京・銀座の鳩居堂《きゅうきょどう》にでも行って、季節に相応しい絵葉書を買って、「もうすぐ秋ですね。最近会っていないけど元気ですか？」と一言書いて送ってもいいでしょう。

一方的ではありますが、本や手紙を送ったりすれば、相手に嫌われていない限り、何らか返信や連絡があるでしょう。それ自体が、ありがたくうれしいものなのです。

まして、送ったものを相手が喜んでくれれば、なぜだかわかりませんが、自分にもエネルギーが湧いてくるのです。まさにカーネギー氏のいったとおりです。

それだけではありません。このネットの時代に絵葉書なんて送ってくる人は多くありませんから、まさにこれは「逆張り」的でもあります。相手も面白がってくれるはずです。**珍しくて面白ければ、そこから何かが始まる可能性だって秘めている**のです。

ビジネスの現場においても、ときどき葉書などを書いて近況を報告すれば、相手もこちらを気にかけてくれるはずです。

銀座のクラブのママやホステスのように何百枚も印刷して送る必要はないのです。思い当たる人へ数枚でよいのです。そしてこの数枚の葉書のやり取りが、数年後ビジネスにつながっていくことは、よくあります（実はこの本も、そうしたきっかけで生まれたものでした）。

大事なのは、日頃から、小さい拳銃でも何でもよいので撃ち続けることです。そして**動けなくなったときにも数発でいいので引き金を引く**のです。

手紙を書くなど、5分もあればできることです。

「お元気ですか。感動した本があったので贈ります」と——。

住む場所を変えると、チャンスが訪れる

皆さんは「孟母三遷《もうぼさんせん》」という言葉をご存じでしょうか。

これは「孟子親子は当初、墓地の近くに住んでいたが、やがて孟子が葬式の真似事を始めたので母は子どものために家を市場の近くに引っ越した。すると今度は、商人の真

似事を始めたので母は再び学問所の近くへ引っ越した。そこではじめて孟子が学問を志すようになったので母はやっと安心した」という故事で、転じて「子どもの教育には良い環境を選ぶことが大切である」という教えです。

不動産に携わっていて感じるのは、子どもに限らず、すでに成人した私たちも、どこに住むかは非常に大事だということです。ある意味将来を左右するかもしれないとさえ思うときがあります。

著名な経営コンサルタントであり起業家である大前研一さんはその著書において、**「自分の人生を変えたければ、住むところを変えるか、付き合う友だちを変えるか、時間の使い方を変えるか、この3つしかない。**これ以外の方法はない」といいきっています。

私もまったく同じ意見です。

どこに住むかは、経済的なことや、実家や職場への距離等の理由で選ぶだけでなく、そもそも自分はどういう人生を歩みたいのか？　といったことを重視して厳選すべきだと思うのです。

仮に、何らかの業界や職種において、将来大成しようというのであればなおさらです。

皆さんがどの業界に属していたとしても、**それぞれの「メッカ」の近くに住むことで**

わずかかもしれませんが将来が変わっていくように感じます。

メッカに近づくことにより、その土地から、そこに住む人間からさまざまな影響を受けるからです。

これまでも書いてきたように、人生は他者との出会いにより大きく変化することが多々あります。

無名の人間が自分の能力や実力だけで這《は》い上がっていくのはなかなかむずかしいものです。ですから、自分自身によるたゆまぬ精進や努力は当たり前ですが、**自分を引っ張り上げてくれる他者との出会いが、チャンスをもたらしてくれる**のです。

だからこそ、私はそれぞれの方にとって最適な「場」の近くに住むことをおすすめしているわけです。

そのエリアが一般的にも人気で家賃が高いこともあるでしょう。しかし、どんな人気の住宅街でも、築何十年といった古いアパートや、狭くて日が射さないような物件ならまだまだ残っているはずです。（若いときならなおさらですが）仕事やアルバイト、友人たちとの付き合いが終わった後に寝に帰るだけなら、古い家でじゅうぶんではないでしょうか。

快適でない物件に住むという犠牲を払ってでも、他者との出会いを重視してその可能性があり得るところに居を構えるのは悪い選択だとは思いません。

そしてそれがすべて人との出会いのチャンスにつながっていくのです。誰と会い、誰と友人になり、誰から影響を受けるのか？　それが人生を決めていく大きな要因の一つになると思います。

大前さんのいっている「付き合う人を変える」というのも、住むところを変えればおのずと変わってくるはずです。

皆さんは、ユーミンこと松任谷（荒井）由実さんをご存じだと思います。彼女は今も日本を代表する有名ミュージシャンですが、歌手デビューはなんと19歳（作曲家としては14歳）なのです。

このユーミンの実家があるのが東京の西のはずれ、八王子《はちおうじ》というところです。

彼女は中学生の頃から毎週、六本木《ろっぽんぎ》のはずれの芸能関係者が集う「キャンティ」という高級イタリア料理店に出入りしていたようなのです。しかし、八王子から六本木までは電車でも1、2時間の距離です。体力的にも精神的にもひんぱんに往復できる距離ではありません。

そのおかげか、ユーミンは中学生の頃からキャンティでさまざまなミュージシャンや芸能関係者と顔見知りだったようです。

もし彼女が実家近くの八王子駅前の喫茶店で日々たむろしていたら、これほど早いデビューは間違いなくできなかったでしょう。

もちろん彼女自身に天才的な才能があったからこそ大スターになったわけですが、才能がある者が全員、デビューに恵まれ、スターになっていくわけではありません。

ユーミンは著名な業界人に発見され、見込まれ、引き上げられ、そしてデビューしていったわけです。

やはり彼女の才能に気づいてくれる人がいる場所まで、何より彼女が通っていたからこそいろいろなことが実現していったのではないかと思うのです。

それぞれの業種におけるそのメッカのど真ん中に住むことがむずかしくても、一駅くらいずらして住むことは十分可能だと思います。

一駅ずらすのは、経済的な面でも距離感的にも、ちょうどよいかもしれません。（東京での感覚ですが）一駅の距離ならば、そのメッカまでがんばれば歩いても行けるでしょうし、自転車でなら10分程度で行けるはずです。

そしてそのメッカの周りに日々の自分の活動範囲を置くのです。仕事をする場所、アルバイトをする場所、よく食事をするレストラン、ひんぱんに通うカフェ、そういった場所に自分の住むエリアを移すことによって、皆さんの人生が大きく変わる可能性が出てくると思います。

撤退することは賢い戦略の一つ

最近気になることがあります。

昔の同級生たちと会うと、「部下が休みがちで困っている」「もう2か月会社に来ない」「心を病んでしまった社員がいて……」といったことがよく話題にのぼるのです。

話はさかのぼり、私が就活をしていた当時、「野村證券」と「リクルート」のビルの灯りだけが深夜まで煌々《こうこう》と灯っているといわれました。つまりこの2社が仕事のキツイ会社の筆頭であり「（給料は良いが）できれば就職を避けたい会社」だったのです。

野村證券では、当時就活生の間で、こんな逸話がまことしやかに話されていました。ある支店長が、「今日11時からミーティングをする」と朝会で部下に告げたところ、午前中社内で雑務をこなしていた新人がすでに10時半を過ぎていたため外出せずにいました。支店長に「なぜお前は営業に行かないのか？」と問われた新人が「もうすぐ11時なので」と答えたところ「ばか！　ミーティングは夜の11時からだ！」と激怒されたというのです。

私が勤めていたリクルートコスモスもリクルート系の会社でしたので、この野村證券と同じように厳しかったです。一方、当時の野村證券もリクルートも退職者が非常に多かったのも事実です。そして、私もその１人です。

私は、仕事で嫌なことやつらいことが続き、肉体的、精神的に耐えられないと感じたならば、「さっさと逃げたらいいではないか」と考えます。

つまり、**部署を換えてもらったり、仕事そのものを一旦休職したり、もちろん、会社を辞めるという選択だってあり**だと思うのです。

「逃げる」と書くとどうも「負けて逃げる」といった印象になってしまうので「撤退」

という言葉に置き換えるのはいかがでしょうか。撤退は恥ずべきことでも何でもありません。

古くは、信長も秀吉も家康も、ナポレオンも勝てない戦は何度も撤退しているのです。**撤退は堂々たる戦略の一つ**なのです。

ビジネスにおいても「撤退する」という選択は極めて重要な戦略です。

もうからない赤字の事業から早期に撤退できず、時が経過し、より傷が深くなって会社全体が傾いてしまった事例は数限りなくあります。

人生においても、無理に無理を重ねて嫌なことをし続ければ、大きなリスクが待っています。

それは、「心の病に陥る」ということです。

心の病は、治るのにそれなりの時間がかかります。これこそが大きなリスクです。心がまいってしまう前に、上司でも先輩でも両親でも、兄や姉でも、相談できる人全員に相談すべきです。そして、それでも環境や状況が改善しなかったら、さっさと撤退すべきです。

仕事を失えば給料が入ってこなくなるでしょうが、心を壊すよりは１００倍マシだと私は思います。

人間関係や職場、仕事の内容が自分に合わなければ、合うところに移ったらよいのです。

人がうらやむような一流企業のエリートコースに配属されていたとしても、もったいないなどと躊躇《ちゅうちょ》する必要はありません。

フランス料理のシェフになろうとしていざ就職してみたら、自分は和食の料理人のほうが合っていたと和食の修業を一から始め直したとか、大学で経営を学んだが、医療の現場で働きたいと思って、理学療法士や心理カウンセラーになったという話はいくらでも転がっています。

先の管理職の同級生たちが口をそろえていうには、心を病んでしまった若い世代の人たちは、とにかく生真面目であり、選ばれし部署にいる人が多いそうです。

選ばれし部署にいるがゆえに、仕事も厳しく、さらにはせっかく「抜擢されたのに」といった思いも強いのかもしれません。

しかし、撤退を選択することは、長い人生を生き延びるための立派な戦略なのです。

以前、「撤退」について貴重な話を伺ったことがあります。

熊本県天草市にリッコー潜研という会社があります。ここは電話会社等からの依頼で海底ケーブルを敷設するパイオニア的会社なのですが、当然ながら海底で行う作業には、つねに非常に大きな危険が伴います。同社の田中一志社長は、なんともいえないすごみと目つきの鋭さを持った方でした。まさに海底で死地をさまよってきたゆえでしょう。

以前は、社長自ら何百回、何千回と海底に潜ったそうです。不幸なことに命を落とした社員の方もいると聞いて、「田中社長はなぜ生き残ることができたのか？」とお聞きしたことがあります。すると「自分はとても小心者だったから」とおっしゃいました。「もう50センチ、あと5分だけ潜れば仕事が完了すると思っても、**危ないかな？　と思ったら必ず引き返した**」というのです。「だから生き残った」と。

皆さんも、もうこれ以上潜るのは無理かな？　と感じたらさっさと海面に出て陸地に上がり、少し休んだらいいのです。

時には「撤退」することも、これからの厳しい時代に生き残るための秘訣の一つというわけです。

資産なくとも「知恵」があればいい

「恒産《こうさん》なくして恒心《こうしん》なし」とは、孟子の言葉で、「ある程度の安定した財産（恒産）がないと、心も動揺しがちでしっかりとした道義心（恒心）を保つことができない」ということを意味しています。

この格言に似たような意味を持つことわざは「貧すれば鈍す」でしょうか。ここでいう「鈍す」とは、知恵や頭の回転が衰えてしまい、心も貧しくなることを表しています。

私自身、独立し起業したものの仕事が来ず、貯金も減り、日々営業のための交通費にも困るようになったときがありました。そんなある日、かわいがっていた後輩から京都での結婚式の招待状が届いたことがありました。しかし、私には京都まで行く交通費も、またご祝儀として包むお金もなかったことがありました。そんな暮らしぶりですから、当時はスーツも学生のように毎日同じものばかりを着ていました。

あるとき、以前勤めていた会社を訪れた際、親しい先輩に耳もとで「長谷川、服が汚れて、よれよれだぞ」といわれたことがありました。「そんなに自分が着ているものはひどいのか」と思ったことを今もよく覚えています。私はすぐにサラ金で借金をして、高級なスーツを1着だけ買いました。

自分では、貧しても鈍しないようにと心がけていたつもりでしたが、他人から見れば、着ている服だけでなく、普段の行動そのものがすでにじゅうぶん「鈍」していたのだと思います。

そのような状態のときには、やはり「恒心」というか、すべてに置いて「余裕」がなくなっていたのも事実だと思います。たとえば、そんな状況では他人を助けるとか、人を育てると言ったことも現実的にはできません。

こういった事態は誰にでも人生において何度となく訪れるものです。しかし、そんなときこそ「武士は食わねど高楊枝」でいくしかないのです。そこで高楊枝をくわえて平気な顔をして踏ん張れるかです。無いものは無いのですから。

そして、少しずつ反撃をしていくのです。

しかし、攻めるといっても、そんなときは竹槍で戦うしかないのですから、その戦法はおのずとゲリラ戦になります。

私も、おそらくこの本を読んでくださっている大半の方も、資産家のご子息でもなければ、大企業の経営者でもないでしょう。普通のサラリーマン（ウーマン）の方や私同様零細中小企業の経営者、もしくは自営業者の方々だと思います。

我々は、元来「持っていない」わけですから、やはり生き残っていく戦略として、まずは**どんなに苦しくとも表向きは「武士は食わねど高楊枝」でいかなければならない**のです。そして、同時に、どうにかこうにか「鈍」しないようにしなければならないのです。

私は、今の時代、「恒産」が、いわゆる「資産」である必要もないと思います。自分の確固たる専門的な「知識」や「技能」、そして「知恵」であってもよいのです。「資産」がなくとも「知恵」があれば、過酷なジャングルでも生き残れるはずです。

そのため、この本では、さまざまな角度から、どうにかこれからの厳しい時代を生き抜くための「知恵」を書いてきました。

その中心が「逆張り的な発想」による戦略であり行動です。この知恵は、ある意味「持たざる者の知恵」ともいえます。

ゲリラの知恵であり、路上で生き残っていくための知恵です。

これを「恒産」の一つとして、使ってみてください。

column コラム④

幸福と不動産の関係

不動産は今後、下がっていかざるを得ないと思っています。本書で何度も申し上げてきたように、人口減少の問題が最大の要因です。

不動産を考える場合に、地方と都市部を分ける必要はもちろんありますが、都市部においても、資産価値が落ちない、落ちにくいといわれるエリアは今後さらに限定されていくと考えられます。

たとえば東京23区と23区外では、今後の人口減少の程度に違いがありますし、23区内でも、人口が多少なりとも増えていくエリアは非常に限定されていきます。ですから、不動産に投資し、長きにわたって安定したインカムゲインを得たいならば、投資対象エリアを(もちろん投資物件自体も)かなり峻別すべきだと思います。

東京23区内なら、将来も人口が集積していくので安心して投資できるなんて、もうあり得ません。

現在、各市区町村で将来の総人口や労働人口の予想が立てられ、ホームページ等で公開されています。投資をしようという方は、これらをよく見極めて、投資すべきです。仮に総人口が微増なり現状維持であっても、少子高齢化により、老齢人口の割合だけが増えていっている状況であることが多いので注意が必要です。

次に、実需で家を買うケースですが、これはそもそも将来の値上がりを期待して買うのではありません。現実に「家族の住処」として買うわけです。「緑が多くて広い家で子育てをしたい」「子どもも部屋がもう一つ必要になるから」といったさまざまな理由によって、購入を計画するものです。

ですから、あまり将来の値上がりや値下がりを気にされるよりも、ご家庭のベストタイミングでご購入されるのが、一番良いのではと思います。

現在は(日銀が誘導したマイナス金利によって)史上最低の超低金利ですので、住宅ローンが非常に組みやすくなっています。それゆえ、仮に将来金利が正常にもどったとき（上昇したとき）には、住宅ローンの金利も上昇しますので、「固定金利で借りる」ことをぜひおすすめします。

　また、夫婦2人の支払い能力ぎりぎりのローンを組むことはおすすめできません。将来どちらかが、何らかの理由で会社を辞めなければならなくなるかもしれません。つまり、実需で家を買うにしても、やはり何十年にもわたりローンを組んで目一杯高額の不動産を買うことは、ある意味「投機的」であり、相当リスクが高いといえます。

　住宅ローンを組むうえでも、あまりにも無理をして高額なものを買えば、将来、そのリスクが許容できないものになる可能性があります。

　現実的には、仮に10年経って、住まいを売ろうとしても、買った金額では売れなくなっている可能性があるわけですから、売れば残債が残り、残債分に対して預金を取り崩して返済し、売却しなければならないといったことも起こり得ます。そのときに資金的な余裕がなければ、にっちもさっちもいかなくなります。

私は不動産業界に入ってから、何百、何千という不動産と、そこに住むご家族とお会いしてきましたが、一ついえることは、住んでいる家の豪華さや大きさ、価格と、そこに住んでいる方の幸福度は、特段比例していないということです。

　私が「あぁ幸せそうだな」とうらやましく思った光景があります。そのご家庭は、どう見ても築40年以上の平屋でおそらく借家、駅からは徒歩20分、土地も高台ではなく窪地にありました。

　ある日曜日、その家の横を通ると、まだ小さい女の子が2人、庭で猫の毛をとかし、お母さんは洗濯物を干し、お父さんは何か日曜大工をされていました。猫がドラム缶の上で気持ち良さそうにしていました。皆が良い笑顔でした。

　その光景はまさに絵に描いたような幸せそのものでした。

　前述したように、古く、決して高価な家ではありません。ただ、私がこれまでこの業界で生きてきて、直感的に一番幸せそうに見えたのが、そのご家族だったのです。

おわりに

数年前、幼い頃からお世話になっている2つ年上のS先輩の奥さまが不慮の事故で亡くなられました。数年間はお会いしてもかける言葉もなかったのですが、あるとき、S先輩が「村上春樹の本を読んでいると救われるんだよ」とおっしゃったのです。

「人をも救う」村上春樹さんの創作の原点はいったいどこにあるのだろうかと同氏の著作を読みあさっていましたら、偶然、こんな文章に出会いました。

「当時、新宿の歌舞伎町《かぶきちょう》で長いあいだ終夜営業のアルバイトをしていて、そこでいろんな人と巡り合いました。今はどうか知りませんが、当時の歌舞伎町近辺には興味深い、正体のわからない人々がずいぶんうろうろしていたものです。面白いこともあり、楽しいこともあり、けっこう危ないこと、きついこともありました。いずれにせよ僕は、大学の授業よりも、あるいは同質の人々が集まるサークルのような場所よりも、むしろそのような生き生きとした雑多な、あるときはいかがわしい、荒っぽい場所で、人生に関わる様々な現象を学び、それなりに知恵を身につけていったような気がします。英語にstreetwise（ストリートワイズ）という言葉があります。『都会を生き抜くための実践的な知恵を持った』というような意味ですが、結局のところ、学術的なものよりも、そういった地べたっぽいものの方が性に合っていたようです。」（村上春樹『職業としての小説家』スイッチ・パブリッシング）

これを読んだとき、まことに僭越《せんえつ》ながら、「自分と同じじゃないか」と感じたのです。もちろん小説を書くための術《すべ》ではありません。

自分もこうやって「生きる術」を学んできたと強く感じたのです。

実は、私も高校生時代、毎週のように「深夜喫茶」に通っていた時期がありました。客はディスコ帰りの若者、暴走族、少年ヤクザ、水商売や風俗で働く女性や男性従業員。始発電車が動くまで1杯100円のコーヒーで夜を明かすのです。夜明け前の歌舞伎町の深夜喫茶はまさに村上さんがいうとおりの荒っぽい場所でした。

私にとっての「深夜喫茶」は、「不動産」と「投資」の世界でした。やはり荒っぽい場所でありましたが、実に多くのことを学びました。

今回、本書で書いた内容は、やはり大学等のアカデミックな場ではなく、私自身が「路上」で学んだ、私なりの「streetwise」です。

この私なりの「生き抜くための知恵」が、皆さまの人生やビジネスにおいて少しでも役立つことがあるならば、著者としてはまことにありがたい限りです。

中にはピンと来ない話もあったかもしれませんが、本書に書いたのは、ほとんど私自身が実践し、有益だと感じたことです。

読者の皆さまが少しでも「これは役立つかもしれない」と直感で感じたことがありましたら、日々の生活の中で、ぜひ実行してみてください。

そして、これから来るであろう厳しい時代を生き抜いてください。

私もどうにか生き抜きます。

本書をお読みいただきほんとうにありがとうございました。心から感謝いたします。

最後になりましたが、本書を世に出してくださった廣済堂出版の江波戸裕子さんに感謝を申し上げます。２０１７年の正月明け、私は親の介護等、いろいろあって元気をなくしていて、苦しまぎれに横になったまま小型拳銃を数発撃ちました。そのときお送りしたＤＶＤに興味を持っていただいたことが、この本の出版のきっかけとなりました。ほんとうにありがとうございました。

２０１８年８月　長谷川　高

長谷川 高（はせがわ・たかし）

東京生まれ。立教大学経済学部経済学科卒。大手デベロッパーにて、ビル・マンション企画開発事業、都市開発事業に携わり、バブルの絶頂期からその崩壊と処理までを現場の第一線で体験。1996年に独立。以来、創業から一貫して顧客（法人・個人）の立場で不動産と不動産投資に関するコンサルティング、投資顧問業務を行う。また、取引先企業と連携して大型の共同プロジェクトを数多く手掛ける。

自身も現役の不動産プレイヤーかつ投資家として、評論家ではなく現場と実践にこだわり続ける一方で、メディアへの出演や講演活動を通じて、投資、不動産、生き残り戦略についてわかりやすく解説している。

シリーズ累計13万部を突破した、『家を買いたくなったら』『家を借りたくなったら』（共にWAVE出版）、『不動産投資 これだけはやってはいけない！』（廣済堂出版）など、著書も多数。雑誌や新聞等へのコラム執筆やテレビ出演など、メディアでも活躍。

※投資は100％ご自身の判断と責任で行ってください。本書で示した意見によって読者に生じた損害、および逸失利益について、著者、発行人、発行所はいかなる責任も負いません。

厳しい時代を生き抜くための逆張り的投資術

2018年10月12日　第1版第1刷

著　者　長谷川 高

発行者　後藤高志

発行所　株式会社廣済堂出版
〒101−0052 東京都千代田区神田小川町2-3-13　M&Cビル7F
電話　03−6703−0964（編集）
　　　03−6703−0962（販売）
FAX　03−6703−0963（販売）
振替　00180−0−164137
URL　http://www.kosaido-pub.co.jp

印刷所
製本所　株式会社廣済堂

ISBN978-4-331-52174-8　C0033